本书为2016年度国家社会科学基金西部项目“当代中国社会福利伦理研究”（项目批准号：16XZX011）的研究成果

当代中国社会福利伦理研究

Research on Contemporary Chinese Social Welfare Ethics

庞永红◎著

中国社会科学出版社

图书在版编目(CIP)数据

当代中国社会福利伦理研究 / 庞永红著. — 北京 : 中国社会科学出版社，2023. 8

ISBN 978 - 7 - 5227 - 2399 - 0

Ⅰ. ①当… Ⅱ. ①庞… Ⅲ. ①社会福利—伦理—研究—中国 Ⅳ. ①D632. 1 - 05

中国国家版本馆 CIP 数据核字(2023)第 143892 号

出 版 人 赵剑英
责任编辑 郝玉明
责任校对 谢 静
责任印制 王 超

出 版 中国社会科学出版社
社 址 北京鼓楼西大街甲 158 号
邮 编 100720
网 址 http://www.csspw.cn
发 行 部 010 - 84083685
门 市 部 010 - 84029450
经 销 新华书店及其他书店

印 刷 北京明恒达印务有限公司
装 订 廊坊市广阳区广增装订厂
版 次 2023 年 8 月第 1 版
印 次 2023 年 8 月第 1 次印刷

开 本 710 × 1000 1/16
印 张 11. 25
字 数 200 千字
定 价 59. 00 元

凡购买中国社会科学出版社图书，如有质量问题请与本社营销中心联系调换
电话：010 - 84083683

社会福利的伦理考量

——庞永红《当代中国社会福利伦理研究》序言

万俊人

在竞争激烈、风险不定的现代社会里，大概没有什么能比“福利”更让人关注了。自古至今，“福宁”或者“安宁”（well-being）与“福利”（welfare）一直都是人类社会及其发展所遵循的两个最基本也最重要的价值目标。福宁关乎每一个社会成员的生存安全，免于恐惧和伤害不单是人类也是所有生物或生命最基本的生存需求，因为它直接关乎生命本身，具有“内在目的”的意义，故而具有其内在价值意义。福利关乎每一个社会成员的生活品质，追求幸福美好生活同样也是所有生命的共同需求或诉求，生活的品质亦即生活目的的人格成就，因之同样具有其内在的价值意义。如果说，福宁的内在价值意义主要在于其作为基本生存前提的必要意味，那么，福利的内在价值意义则表现为生命（生活）的目的性上，而且随着人类社会文明的不断进步，人们对其生存之福宁与生活之福利的价值期待总是与时俱进、不断攀升的。事实上，无论是按照马克思的历史唯物论，还是按照西方占主导地位的自然法暨社会契约论来解释，福宁与福利正是人类选择以社会的方式生活并寻求其持续发展的两个具有根本意义的决定性考量。由是观之，便知福利问题该有多么重要。

唯其重要，因而有关福利问题的研究及其方式或进路也就特别丰富多样，包括经济学、社会学、政治哲学、伦理学在内的多种哲学人文社会科学对此都有专门涉猎。但大致说来，诸学科的福利研究无外乎三种主要路径：一是基于生产与分配的关联分析，也就是通过生产效率与分配公正的价值两分均衡，来考量社会福利问题；二是基于更为宏观的社会发展与社会稳定之关联分析，也就是作为社会发展活力的竞争机制与作为社会秩序的合作机制之目标排序，来考量社会福利问题；三是诸如罗尔斯等政治哲学家和社会伦理学家基于自由与平等这一对现代性核心价值观念，借助社会基本制度的结构性分析论证，来考量社会福利问题。当然，还有一些其他路径或方式也被用来处理社会福利问题，只不过其影响和代表性不及如上三种罢了。

初看起来，庞永红教授的《当代中国社会福利伦理研究》似乎可以归于上述三类研究范畴中的哲学伦理学方式，但仔细读来却发现又不止于此。氏著显然没有拘囿于一般应用伦理学（比如，所谓“经济伦理”）的视域，而是“以问题为导向”逐渐深入，从多种视角并运用多种方式（法），围绕现当代中国社会的福利问题而集中透过伦理学的分析论理方式，来开展其论其说，力求最终给出作者自己的综合判断和解释（决）方案。全书策六章正论，外加“引论”和“结语”，共计八个构成部分。“引论”提出问题并阐释将之置于伦理考量的基本理由和方法；“结语”则归宗定论，确立由“生存”而至“生活”、由“救济”而至“赋能”的中国特色社会主义的福利伦理；正论六章则围绕氏著之“社会福利”这一中心主题渐次开展，先究其“伦理动机”或动因（第一章），而后在扼要检视“现代西方关于社会福利的伦理论争”（第二章）和在中国社会福利伦理文化传统模式之梳理分析（第三章）的基础上，集中探究了新中国社会福利进路的三个阶段（基于户籍身份之计划经济体制的早期平均主义低水平的社会福利模式、注重经济效率的“生产主义”的转型期欠缺型或未确定定型的社会福利模式、救济和救急式的“碎片化”的后期社会福利保障模式）（第四章），再进抵当代亦即“新时代”之“赋能”式的中国特色社会主义社会福利新模式（第五章）；最后，作者花费巨大篇幅和心力，对当代中国社会福利模式作了深入系统的反思，特别选择了老年福利、医疗福利、城市住宅福利和“精准扶贫”四个重要场域，仔细辨析了它们各自的利弊长短，以及这四种福利实践已有的中国经验和仍需改进完善的主要要素暨可行方式（第六章）。不难看出，氏著的重心是对当代中国社会福利的伦理考量，作者力求通过古今中外各种福利伦理文化的考察和辨析，为当代中国社会福利伦理提供一种较为完备的思考框架和参照系统，力求具体详细地审视分析当代中国社会福利的主要方面或领域，为其找到并尝试建构一套较为充分合理的社会福利伦理学理论。氏著的立意可谓高远，其论理方式亦相当平实而周到，因而使得作者能够如其所愿，达成是书“引论”中所设定的学术目标，获得令人信服的结论，即从传统的或习惯的“救济”伦理或常规的慈善公益伦理，进入现代制度化的“赋能”式社会福利伦理。

事实上如前备述，人类社会在处理社会福利这一社会基本问题上已然积累了各种各样的经验，有局部或阶段性的成功经验，也有不少临时性、救助性的不成功甚或失败的教训。但无论怎样，不同的国家和地区、不同的历史阶段、不同的社会历史文化背景和不同的政治经济条件，使得各自的社会福利经验都具有或多或少的“地方局限性”和“时间效用局限性”，很难有某种放之四海而皆准且持久有效的统一福利模式，更何况各个国家或地区因宗教信仰和道德伦理文化（传统）的差异多样，对它们各自的社会福利安排及其政治文化依据必定产生深远持久的影响，比如说，宗教信仰的差别、国家经济社会条件的差别，甚至是社会心理的内在影响，等等。正因为如此，人们普遍认为，社会福利问题远比社会发展方式或经济效率问题更为复杂，更难求得较为彻底且长期有效的解决之道。

其所以如此，首先是因为，解决社会发展或经济效率问题更多的或者主要的只是社会经济制度的合理有效选择问题，在已然选择并确立有效的社会基本经济制度后，余下的主要是“经济理性”的合理运用甚至只是生产技术的有效运用问题。迄今为止，人类社会公认的正确选择是，市场经济是迄今为止最为有效的社会经济发展方式，因为它能够确保各种生产要素或经济资源的高效配置，以最小化或最低的成本投入获取最大化的经济效益。作为一种经济发展体制，市场经济已然证明其远优于诸如僵硬的计划经济和封闭性的传统经济的合理有效性。基于市场经济体制，让市场在社会经济发展中“起决定性作用”，所需做的是提供健全良序的政治法律保障、足够充分自由的经济资本和先进的科学技术手段，如此则社会经济发展的效率就可以合理预期，得到可靠的保证。

与之殊为不同的是，虽然具备了较好的社会基本的政治制度、经济制度和科学技术条件，甚至是较为充足的供给侧资源储备，社会基本福利也未必一定能够得到普遍而持续有效的保障。简言之，上述制度条件和技术资源条件还只是实现较优社会福利的必要条件，而非充要条件。作为一种社会制度安排，更准确地说，作为一种社会分配制度设置，除了上述显性或刚性制度与技术资源条件之外，社会福利还因其直接关联于部分的甚至是少数的社会群体，而不是直接而均等地关联于社会全体，或者说，社会福利即使关乎社会全体，也存在“厚此薄彼”的价值偏好，用罗尔斯的话说，它更像是一种遵循“差异原则”而实施的倾向型的社会制度再安排（a rearrangement of social institutes），甚或干脆被一些人（譬如，洛克、诺齐克等西方老派自由主义思想家）看作一种社会公共益品或资源的再分配（a redistribution of social public goods），因而必须首先获得较为充分的正当合理性辩护并得到社会的普遍正当性认可。此为其一。其二，正由于社会福利的这种“差异化”实施方式和“选择性”效用，因而需要极强的社会心理认同和社会道德伦理文化的支撑，缺少这种普遍的社会心理认同和道德伦理文化支撑，任何一种社会福利政策——更不用说整套的社会福利制度了——都不可能得到普遍有效的社会实施，即便有所行动，也只能是临时性的、部分的“权宜之计”，而不可能普遍和持久。最后，我们还必须耐心细致地厘清作为社会基本制度安排的社会福利事业与基于社会志愿的社会公益慈善事业之间的界限，两者在特定时空条件下的效应或有相关甚或相似，但绝对不可混为一谈。

诚然，社会福利也可以作广义与狭义两种理解：一种是把所有具备惠及社会成员之生活改善的公共益品或公共价值都看作社会福利，可谓社会福利的一般理解；另一种较为严格的理解是，社会福利是基于社会基本制度安排所实现的全体社会成员生活状态的改进或改善性价值分配和保障。我们通常谈论的社会福利应当是后者。职是之故，关于社会福利的任何考量都需要同社会经济发展水平——更确切地说，是社会价值生产效率——结合起来，也就是说，有关社会福利的制度化设计和安排，首先需要考虑社会的生产效率或社会经济发展水平，后者是前者的前提预制。“巧妇难为无米之炊”，这是一种政治经济学意义上的至理名言，没有米当然无法做饭。在此意义上，价值生产在逻辑上先于价值分配，社会福利的制度设计和安排也无法违背这一基本逻辑次序。但实际上问题却常常是，世界上很少国家穷到完全没有一粒“米”的地步，否则它就不可能真实存在，更不用说现代文明国家了。也就是说，人类社会通常所面对的情况并非无米下锅，而是做成饭后如何分配给社会成员，让每一个人的碗里都能盛到恰当份额的米饭，以便让他们都能吃饱。而就社会福利的内在目的而言，问题还不只是如何让他们吃饱，还在于如何让他们吃好，尤其是让那些老弱病残者吃饱吃好。因此，社会福利的真实问题及其意义并不是有“米”无“米”的问题，而是如何分享米饭的问题，其中，如何让老弱病残者吃饱吃好的问题，更是衡量一个国家的社会文明程度和政治正当性的重要尺度。

需要注意的是，现代社会文明的根本标志不仅仅在于其政治、经济、科技、教育、公民和社会文化道德素质等方面的发展水平，还在于社会福利水平和社会生活条件与资源的供给水平。因为决定人们幸福生活——作为人类文明之根本目的或最高目的——指数的因素，不单单是社会生产的效能和效率，更在于人们从社会公共益品供给中所获得的生活满足感和满意度，而社会福利常常更直接也在更细微日常的经验上影响人们的生活满足感和满意度。当然，长远看来，社会公共益品的供给能力与其创造能力是相互配置、相互契合的，但这并不能确保每一个时段和每一个社会群体（更不用说每一个人）始终都能分享到公平的供给（社会福利）。正由于此，社会公平正义始终是现代社会的一个开放性课题，并与社会效率或社会发展同等重要。

回顾中华人民共和国成立70余年来社会福利的变化和改进，人们不难发现这样几个鲜明的特点。（1）超低的福利起点。近代百年的“落后挨打”造成我们国家的积贫积弱，连最起码的国计民生都难以解决，所谓社会福利更是无从谈起。中华人民共和国成立后，国家和国民的政治生存问题得以解决，但经济生活条件仍然十分低下，不用说“十年文革浩劫”，即使“前文革时代”由于僵硬的计划经济体制导致社会生产力水平低效，社会福利水平也十分低下。（2）改革提升较快。经过改革开放40余年后国家经济实力快速增强，社会财富积累达到一定规模和水平，我国的社会福利问题才进入快速提升的“快车道”。这其中，有几件堪称具有划时代意义的历史性事件。一是从2006年1月1日开始实施的全面免除农业税制度安排，宣告了几千年来种田交税之旧制度的终结。免税或减税其实也是一种制度化的社会福利安排，只不过以“消极的”方式呈现而已。二是近年来逐步实施并逐年提高的全民退休养老金和保险金（制度）、医疗保险、失业保险等社会福利安排，这也是前所未有的，虽然距离发达国家仍有较大差距。三是通过举国范畴的“精准扶贫”“兜底扶贫”等特殊政策实施，解决超8亿人口的绝对贫困问题，从而实现全体国民在较低“国际贫困标准”基础上的“全面脱贫”，并持续跟进，确保不但不出现“返贫”现象，而且力求更高标准的“致富”改善。这一成就也获得了举世公认，成为人类历史上绝无仅有的社会改造奇迹。（3）社会福利及其制度改进的任务重大。看不到或者不能正视近年来我国社会福利的快速改进成就有失公允，但满足于已有成绩或止步不前更不应该。事实上，我国社会福利制度从基本设计到现有的基本安排和实践，都还存在诸多有待解决和改进的深层次问题，有些问题甚至还是十分复杂和艰难的。因此，我们既需要保持一种客观理性的科学态度和历史主义的视野，也需要保持一种不断进取和更加开放的改善主义的社会福利制度观念与行为方式，特别是开放地学习一切国家的先进经验，勇于改革、善于改善的心态与行动，唯其如此，我们的社会福利制度及其改进才能不断完善。

这些看法都是我拜读庞永红教授的这部新作所获得的，或者是在其启发下所想到的。我还想进而谈一点相关的感受：对于如何看待我国现阶段的社会福利问题，永红教授采取的方式是客观理性的，既没有表面学术式的“粉丝”倾向，也没有非学术的“愤青”情绪化。做到这一点并不容易，尤其是从事前沿性和经验性的社会现实课题研究，保持一份必要的理性慎思不但十分必要，而且也需要相当的学术修养和理论勇气。我想，除了多年不懈的伦理学研究与教学之经验积累和学术积累之外，同她长期养成的慎思中和的学术习惯也有莫大的关系，加上她经年游学中外，外语能力超强，眼界开阔，思想资源与学术资源富足，能够成就这样一部成功新作，实在不出我之意料。衷心地祝贺她！并祝福她在今后的学术事业上取得更多更好的成果。

且为序，所望焉。

急就于2022年“五一”国际劳动节，北京远郊悠斋

目录

CONTENTS

引 论

“蛋糕”不断做大了，同时还要把“蛋糕”分好。

——《习近平关于全面深化改革论述摘编》

社会虽然不能制止老天下雨，但可以生产雨伞。

——［美］阿瑟·奥肯《平等与效率》

“哲学家对于公共事务最重要的贡献，就是厘清公共政策冲突背后的道德观点，并且把它们与我们期望置身其中，与所有人都能得到良好照顾的社会联系起来。”① 福利伦理是社会福利政策领域与伦理价值领域的结合，是社会学与伦理学的交叉研究对象。

社会福利这一概念的内涵可以从不同的专业学科加以概括。概括起来大致可以从形而上的理念形态、宏观社会政策制度和微观社会福利服务实务等维度加以探讨。理念形态是要回答社会福利的应然和合理性问题，如为什么要有社会福利，社会福利的伦理理念、目标、原则和价值理想等理论问题，即采用规范性立场，把社会福利看成一个需要实现的社会目标，一个当为的概念；宏观社会政策制度是社会福利价值理念的现实化呈现，它是把关于社会的福利理念与人们的现实福利需要相结合，从而把社会的福利理想和价值追求变成现实的可应用的制度和规范；微观社会福利服务实务则是关于社会福利操作的具体内容和途径，如对福利需求者提供一些什么样的服务，采取什么样的方法和途径将各种社会福利有效地送达给需求者等。

社会福利的伦理研究就是关于社会福利这几个层面的道德哲学探讨，反映一定社会尤其是当代中国社会福利制度、理论与实践的社会福利伦理哲学。

---

① ［瑞典］博·罗思坦：《正义的制度：全民福利国家的道德和政治逻辑》，靳继东、丁浩译，中国人民大学出版社 2017 年版，第 4 页。

从福利制度的发展史来看，社会福利制度大致可分为两种基本形式：补缺型（选择性）制度和制度型（普遍性）福利制度。早期的福利制度主要是补缺型（选择性）制度，这种福利是救助式的社会福利，通常与慈善救济事业联系在一起，指专门为社会弱势群体提供服务和救济，是不完全的社会福利制度。而制度型（普遍性）福利制度则是现代福利制度的主要内容，其主要方向是面向一个国家的全体国民，其政策的主要目标是保障国民的基本生活水准和提高人们的生活质量，推动实现人的全面发展。它使社会保障的范围从以往只针对少数社会弱势群体扩展到社会全体公民，从只是救助贫困、维持温饱到全体国民的基本教育、医疗卫生，从就业、养老到福利住房和最低工资保障等方面到保障人民生活安定、维护社会稳定。

第一节　问题的提出

一个国家的社会福利是提升国民生活品质、化解社会矛盾、维系社会协调持续发展的重要因素。当今世界上最有竞争力的仍然是一些高福利国家和地区。在 2021 年全球 64 个国家竞争力排名中，瑞士又是连续多年位居榜首，其次为瑞典、丹麦、荷兰、新加坡、挪威、阿联酋、美国等。其中高福利的斯堪的纳维亚国家就有 5 个国家位列前十。2020 年联合国发布的《世界幸福报告》，在全球 156 个国家和地区中，芬兰、丹麦、挪威、冰岛、荷兰进入前五名，芬兰连续第二年被评为“全球最幸福国家”。而这 5 个国家全是高福利国家。中国虽然是发展中国家，但在经历了四十余年的改革开放后，社会生产力和国民经济有了高速发展，人民生活水平有了很大提高，社会结构和家庭形态也随着社会的发展变化而发生了非常大的变化，且现阶段中国的社会结构从整体上说已落后于社会的经济结构。从历史上看，中国人在面对突发意外和风险时，家庭或家族往往是首选的依靠，其次工作的单位会给予很大的帮助和福利支持。但现在随着社会结构和家庭结构的变化，这两方面的支撑变得脆弱甚至不复存在。社会福利作为我国的一项基本社会政策，随着经济的发展而产生且取得了巨大进步，但初衷是为经济服务而产生的权宜之计政策，带有很大的临时性和被动性，与经济发展水平相比，我国社会福利供给相对滞后且存在不少亟待解决的问题，这就造成中国社会福利改革缺乏系统性而难以走向稳定、可持续发展的新阶段。福利制度的建设和健全能够有助于国家作为一个政治、经济、文化共同体的凝聚与内部认同的融合，特别是提升人民政治认同，提升人民对国家政治的认受性，对减少政治危机和社会冲突都有重要的作用。因此，对于当下的中国，给予福利制度建设应有的地位有着特定的、重要的政治意义。

对福利伦理的研究既要寻找普适性福利制度模式的共性，又要探索不同国情下的“特色模式”。党的十九大对大力发展社会福利事业提出了明确要求，并明确“人民对美好生活的向往”是中国共产党奋斗的目标。如何坚持国情化与国际化相结合的研究路向，构建当代中国特色的社会福利体系，是我们面临的一项迫切而重大的现实课题。在进入了“十四五”的开局之际，“民生政治成为中国政治的新内核”①。习近平总书记指出“民心是最大的政治，正义是最强的力量”，要贯彻“以人民为中心”的发展思想，让“幼有所育、学有所教、劳有所得、病有所医、老有所养、住有所居、弱有所扶”②，让老百姓过上好日子是我们一切工作的出发点和落脚点。

福利是一种道德再生机制，是一种利他主义。福利伦理是社会福利产生与获取的深层根据和社会条件，是社会福利的精髓和本质。我们这里探讨的社会福利并非权宜之计式的安排，在很大程度上，它们也表达着明确的道德观念。西德尼·胡克（Sidney Hook）曾指出：哲学家对于公共事务最重要的贡献，就是要厘清公共政策冲突背后的道德观点，并且把它们与我们期望置身其中，所有人都能得到良好照顾的社会关系联系起来。因此，作为关系到民生、民心工程的当代中国社会福利的伦理研究既具有重要的理论价值，又具有独特的社会现实意义。

第二节 国内外相关研究综述及研究动态

一 国内研究综述

社会福利研究尤其是当代中国社会福利研究，20 世纪 80 年代中期国内有

① 林闽钢：《“十四五”时期社会保障发展的基本思路与战略研判》，《行政管理改革》2020 年第 12 期。

② 习近平：《决胜全面建成小康社会－夺取新时代中国特色社会主义伟大胜利——在中国共产党第十九次全国代表大会上的报告》，人民出版社 2017 年版，第 23 页。

学者开始涉及，但有影响的社会福利研究成果不多，其中代表性著作有张萍翻译的《各国的社会福利》[①]，白益华、吴忠泽主编的《社会福利》[②]，周弘的《福利的解析：来自欧美的启示》[③]，沈洁和赵军翻译的《社会福利基础理论》[④]，主要集中在福利理论介绍与政策的一般性探讨，缺乏理论的系统性和整体性研究。从20世纪90年代开始，尤其是国家“七五”计划首次明确提出了由社会保险、社会福利、社会救济与优抚组成的社会福利制度框架后，社会福利从一般性探讨开始转向与社会福利理论、社会福利政策和社会福利服务发展并行的研究，社会学理论与方法在社会福利理论与政策研究中扮演着拓荒者和主导性角色。围绕着社会福利与社会保障的关系、社会福利制度的改革、社区福利服务与农村社会福利制度的建构、社会福利工作中政府的地位与作用等问题，学者们从理论与实践等多重层面进行了研讨。代表性成果有《论中国传统社会福利制度及其缺陷》[⑤]、《中国社会保障制度改革：反思与重构》[⑥]、《中国社会福利制度的现实选择与未来走向》[⑦]、《“社会福利”与“社会保障”再认识》[⑧]、《弱势群体与劣势群体：中国社会福利服务对象的政策研究》[⑨]、《中国政府在社会福利中的角色重建》[⑩] 等。

从2008年开始，随着我国经济的快速发展，学术界就新时期我国社会福利事业发展的定位、民生需要满足基础上的多元社会福利构想、公共服务均等化、适度普惠型社会福利体系的思考等进行了较深入的研究。代表成果有《中国社会保障改革与发展战略——理念、目标与行动方案》[⑪]、《促进我国基

① 参见［日］国际社会福利协会日本国委员会编《各国的社会福利》，张萍译，华夏出版社1988年版。

② 参见白益华、吴忠泽主编《社会福利》，中国社会科学出版社1996年版。

③ 参见周弘《福利的解析：来自欧美的启示》，上海远东出版社1998年版。

④ 参见［日］一番ケ濑康子《社会福利基础理论》，沈洁、赵军译，华中师范大学出版社1998年版。

⑤ 参见郑功成《论中国传统社会福利制度及其缺陷》，《社会工作》1997年第5期。

⑥ 参见“中国社会保障体系研究”课题组系，杨团、唐钧、莫泰基、施育晓《中国社会保障制度改革：反思与重构》，《社会学研究》2000年第6期。

⑦ 参见常宗虎《中国社会福利制度的现实选择与未来走向》，《中国民政》2000年第4期。

⑧ 参见尚晓援《“社会福利”与“社会保障”再认识》，《中国社会科学》2001年第3期。

⑨ 参见刘继同《弱势群体与劣势群体：中国社会福利服务对象的政策研究》，《社会福利》2002年第3期。

⑩ 参见徐月宾、张秀兰《中国政府在社会福利中的角色重建》，《中国社会科学》2005年第5期。

⑪ 参见郑功成《中国社会保障改革与发展战略——理念、目标与行动方案》，人民出版社2008年版。

本公共服务均等化的对策》[①]、《构建适度“普惠制”社会福利的思考》[②]、《从小福利迈向大福利：中国特色福利制度的新阶段》[③] 等。

2011 年后，针对我国社会福利服务事业在实践中的滞后，社会福利成为整个社会保障体系建设中的短板，政府启动了国家社会福利制度发展战略重大项目，并聚集全国学术界力量共同从理论上探讨与规划社会福利事业发展战略，尤其是中国社会福利建设的研究。取得的成果有《中国社会福利的现状与发展取向》[④]、《中国农村社会福利体系的构建》[⑤]、《适度普惠视阈下我国儿童社会福利体系构建及其实施路径》[⑥]、《从沉寂到创新：中国社会福利构建》[⑦]、《基本养老保险深化改革与补充性养老保险发展》[⑧]、《中国社会保障：公平与共享》[⑨]、《社会福利与社会救助》[⑩]、《中国社会福利理论与制度构建——以适度普惠社会福利制度为例》[⑪]、《中国社会福利事业研究（1949—2019）》[⑫]、《中国共产党领导社会福利建设的理论基础与百年实践》[⑬] 等，这些成果为促进我国福利事业走一条与时俱进的中国式社会福利发展道路奠定了理论基础。

相对于社会学、社会保障学，国内将社会福利问题整体纳入伦理学视域予以考量的成果为数不多，相关研究多是拆解出社会福利问题的某一维度加以伦理探究。如探讨从西方福利国家的制度转型中汲取相关的伦理理念和经

---

① 参见丁元竹《促进我国基本公共服务均等化的对策》，《宏观经济管理》2008 年第 3 期。

② 参见成海军《构建适度“普惠制”社会福利的思考》，《社会保障》2008 年第 11 期。

③ 参见景天魁、毕天云《从小福利迈向大福利：中国特色福利制度的新阶段》，《理论前沿》2009 年第 11 期。

④ 参见郑功成《中国社会福利的现状与发展取向》，《中国人民大学学报》2013 年第 2 期。

⑤ 参见丁福兴、丁宪浩《中国农村社会福利体系的构建》，《中共福建省委党校学报》2011 年第 6 期。

⑥ 参见陆士桢、徐选国《适度普惠视阈下我国儿童社会福利体系构建及其实施路径》，《社会工作》2012 年第 11 期。

⑦ 参见彭华民《从沉寂到创新：中国社会福利构建》，中国社会科学出版社 2012 年版。

⑧ 参见何文炯《基本养老保险深化改革与补充性养老保险发展》，《中国保险》2015 年第 10 期。

⑨ 参见王延中《中国社会保障：公平与共享》，社会科学文献出版社 2017 年版。

⑩ 参见唐丽娜《社会福利与社会救助》，清华大学出版社 2020 年版。

⑪ 参见彭华民《中国社会福利理论与制度构建——以适度普惠社会福利制度为例》，经济科学出版社 2019 年版。

⑫ 参见严运楼《中国社会福利事业研究（1949—2019）》，上海社会科学院出版社 2021 年版。

⑬ 参见苏昕、李伟嘉《中国共产党领导社会福利建设的理论基础与百年实践》，《西南民族大学学报》（人文社会科学版）2021 年第 6 期。

验，代表成果有《论西方社会保障的伦理嬗变及启示》[①]、《“福利国家”的深层困境与替代方案》[②]、《福利国家社会政策范式转变及其对我国社会福利发展的启示》[③]。有学者依托现代社会结构结合伦理目标提出我国福利制度改革发展趋向的针对性见解，如《中国社会保障制度的60年及其公平性研究》[④]、《伦理视域下的现代社会保障与和谐社会的构建》[⑤]、《社会救助制度的伦理考量》[⑥]、《中国社会福利的现状与发展取向》[⑦] 等。也有学者从社会福利的伦理价值取向来加以探讨，如《论现代社会保障的价值维度》[⑧]、《论需要为本的中国社会福利转型的目标定位》[⑨]、《人的尊严是社会保障的伦理基础》[⑩]、《从“社会身份本位”到“人类需要本位”：中国社会政策的范式演进》[⑪] 等。还有学者从社会正义、分配公平、公民权利等诸多方面来探寻与把握，如《社会正义、公民权利和集体主义——论社会福利的政治与道德基础》[⑫]、《底线公平福利模式》[⑬]、《论福利机会的平等》[⑭] 等。

二　国外研究综述

国外学者关于社会福利研究的成果颇为丰富，从笔者所获得的资料看，涉及伦理研究的主要有四个方面。

---

① 参见张向达、程雷《论西方社会保障的伦理嬗变及启示》，《伦理学研究》2012 年第 1 期。

② 参见冯兴元《“福利国家”的深层困境与替代方案》，《人民论坛·学术前沿》2015 年第 9 期。

③ 参见钱宁、王肖静《福利国家社会政策范式转变及其对我国社会福利发展的启示》，《社会建设》2020 年第 3 期。

④ 参见李玲《中国社会保障制度的 60 年及其公平性研究》，《福建论坛》（人文社会科学版）2009 年第 11 期。

⑤ 参见汤剑波《伦理视域下的现代社会保障与和谐社会的构建》，《贵州社会科学》2011 年第 9 期。

⑥ 参见邹海贵《社会救助制度的伦理考量》，人民出版社 2012 年版。

⑦ 参见郑功成《中国社会福利的现状与发展取向》，《中国人民大学学报》2013 年第 2 期。

⑧ 参见汤剑波《论现代社会保障的价值维度》，《长白学刊》2009 年第 1 期。

⑨ 参见彭华民《论需要为本的中国社会福利转型的目标定位》，《南开学报》（哲学社会科学版）2010 年第 4 期。

⑩ 参见秦越存《人的尊严是社会保障的伦理基础》，《道德与文明》2013 年第 1 期。

⑪ 参见岳经纶、方珂《从“社会身份本位”到“人类需要本位”：中国社会政策的范式演进》，《学术月刊》2019 年第 2 期。

⑫ 参见钱宁《社会正义、公民权利和集体主义——论社会福利的政治与道德基础》，云南大学出版社 2011 年版。

⑬ 参见景天魁《底线公平福利模式》，中国社会科学出版社 2013 年版。

⑭ 参见姚大志《论福利机会的平等》，《学术月刊》2015 年第 2 期。

第一，社会福利观念与各种政治哲学之间的关系问题，应该以什么标准来评价公共政策，是公平正义还是个人福利？如 *Welfare*①、*Equality and Equal Opportunity for Welfare*②、*Fairness versus Welfare*③、*Fairness, Responsibility, and Welfare*④、《福利政治：日本的生活保障与民主主义》⑤ 等。

第二，在构建良善的社会中，福利应该起到怎样的作用？有 *The Three Worlds of Welfare Capitalism*⑥、《转型中的福利国家——全球经济中的国家调整》⑦、《福利的措辞》⑧、《福利视角：思潮、意识形态及政策争论》⑨。

第三，从伦理文化的视角去解析社会福利及其发展。如《社会福利与文化——用文化解析社会福利的发展》⑩。

第四，对比其他国家，探讨中国福利体制及其改革历程、改革方向，如 *The Chinese Welfare System: 1949 - 1979*⑪、《新风险 · 新福利：欧洲福利国家的转变》⑫、《重塑中国和北欧国家的福利制度》⑬、*The Social Protection System in Ageing China*⑭（2015）等。

综上所述，我们认为：关于社会福利的一般性研究，国外研究比国内研

---

① 参见 Martin Anderson, "*Welfare*", Hoover Institution Press, 1978。

② 参见 Arneson, Richard J., "Equality and Equal Opportunity for Welfare", Philosophical Studies: An International Journal for Philosophy in the Analytic Tradition 56, No. 1, 1989。

③ 参见 Louis kaplow, Steven Shavell, *Fairness versus Welfare*, Harvard University Press, 2006。

④ 参见 Marc Fleurbaey, *Fairness*, *Responsibility*, *and Welfare*, Oxford University Press, 2012。

⑤ 参见［日］宫本太郎《福利政治：日本的生活保障与民主主义》，周洁译，社会科学文献出版社 2015 年版。

⑥ 参见 Gosta Esping-Andersen, The *Three Worlds of Welfare Capitalism*, Princeton University Press, 1990。

⑦ 参见［丹麦］戈斯塔 · 埃斯平 - 安德森编《转型中的福利国家——全球经济中的国家调整》，杨刚译，商务印书馆 2010 年版。

⑧ 参见［澳大利亚］柯文 · 布朗、布雷思 · 特纳《福利的措辞》，浙江大学出版社 2010 年版。

⑨ 参见［英］艾伦 · 迪肯《福利视角：思潮、意识形态及政策争论》，周薇等译，上海人民出版社 2011 年版。

⑩ 参见［韩］朴炳铉《社会福利与文化——用文化解析社会福利的发展》，高春兰、金炳彻译，商务印书馆 2012 年版。

⑪ 参见 John Dixon, *The Chinese Welfare System: 1949 - 1979*, New York: Praeger Publishers, 1981。

⑫ 参见［英］彼得 · 泰勒 - 顾柏《新风险 · 新福利：欧洲福利国家的转变》，张秀兰、马继森，中国劳动社会保障出版社 2010 年版。

⑬ 参见［芬兰］保利 · 基杜论、［挪威］斯坦恩 · 库恩勒、任远主编《重塑中国和北欧国家的福利制度》，复旦大学出版社 2014 年版。

⑭ 参见 Cai F., Du Y., "The Social Protection System in Ageing China", *Asian Economic Policy Review*, Vol. 10, No. 2, 2015。

究更系统、更深入，关于中国社会福利研究尤其是对改革开放后中国福利的研究，国内研究比国外研究更广泛、更全面。审视我国社会福利研究的成果，大多是基于经济因素的局部的、微观的、实证的研究，且国内伦理学对社会福利的研究明显落后于社会学、社会保障学等，迄今为止还没有一本对中国社会福利伦理进行系统研究的专著①，因此本研究具有一定的前沿性和弥补这一研究议题碎片化的独到价值。本研究在国内外现有理论资源的基础上，立足于当代中国社会福利的现实状况，以规范伦理和社会伦理的视角从理论和实践两个层面对我国社会福利的道德基础、价值理念、伦理目标、责任主体、分配原则、道德风险和伦理困境等问题进行较为系统和深入的研究，以期为我国民生的改善和提升，社会福利建设和道德选择提供理论依据和道德支持。

第三节　框架与方法

一　基本框架

本研究从伦理学的视角对社会福利及当代中国的社会福利问题展开研究，总体框架如下。

1. 本研究问题的提出，研究现状、目的、意义及研究的主要内容，并对核心概念“社会福利”的内涵和外延加以界定。指出针对目前我国学术界对社会福利概念的争议性理解，尤其是对社会福利与社会保障两个概念及相互关系理解的不同。按照美国1999年出版的《社会工作词典》对“社会福利”的定义：（1）一种国家的项目、待遇和服务制度，它帮助人们满足社会的、经济的、教育的和医疗的需要，这些需要对维持一个社会来说是最基本的；（2）一个社会共同体的幸福和正常的存在状态。② 所以本研究的“社会福利”概念在当代中国语境下有两个层次的含义，它既指社会福利状态，亦指社会福利制度。

① 在笔者做课题期间，2018年由陈燕博士、臧政博士写的《福利与伦理：基本理论与实证研究》出版，该书只是从分配正义探讨了福利，大部分是社会学实证调查样本和数据分析。

② 参见纪宝成、刘大椿主编《中国人民大学中国人文社会科学发展研究报告（2008—2009）：学科整合与热点聚焦》，中国人民大学出版社2009年版。

2. 社会福利的“应然”伦理追问。这一部分，围绕“该不该提供福利”“应该由谁来提供福利”“应该为谁提供福利”“应该提供什么样的福利”这几个基础性理论问题，从中西社会福利思想理论及中西社会实践两个维度作出回应，从而阐明社会福利在道德上的正当性理由。第一，一个社会为什么应该有社会福利？其伦理理论依据是什么？是基于慈善救助、基本需要、公民权利还是国家责任？中外历史上的社会福利思想和理论对这一追问都作出了哪些阐述？我们对此又如何看待解答。第二，谁应该成为社会福利的主体？市场、政府、个人、社会还是多元主体。国家是社会福利的主体吗？社会究竟应该为个人承担多大的责任？个人对自己应该负有什么样的责任？第三，福利应该“选择性地”输送给那些需要它的人，还是应当“普遍性地”输送给全体社会成员？比如有人就认为，国家为公民福利承担的责任应当仅限于补偿那些公民自身无法选择的差异。因此，国家只应帮助公民克服诸如已超过他们解决能力的困难（如天生的身体残疾）。而另一些人则认为，既然是国家福利就应该全体公民普遍性享受，而与公民个人的经济状况无关。第四，社会福利仅仅是单纯的物质福利支持，还是包括精神慰藉和能力培养？是授人以鱼还是授人以渔？等等。

3. 伦理文化视域下的社会福利模式检视与比较。（1）针对国际化的社会福利与国情化的中国社会福利，从伦理文化视域，对以瑞典为代表的北欧社会民主类型的福利国家模式，以德国为代表的保守的或合作型的福利国家模式，以日本为代表的东亚社会福利模式和美国唯一的“市场化机制提供社会服务模式”等几种代表性的国际社会福利模式进行评价，揭示其各自的优势和存在的缺陷，反思对我国的启示和借鉴。西方福利理论与世界任何理论一样，有其合理内核，亦有典型的历史与现实局限，必须认真选择，优化运用。（2）探讨中国传统伦理文化特别是儒家文化与当代中国社会福利的内在关系，指出一个国家的文化对社会福利模式的选择有着重要的影响，有时决定着社会福利模式的最终选择。（3）建立社会主义新型福利体系。在建构中国本土化福利理论的过程中，对西方或外来福利理论进行有比较的、批判性的筛选，这不失为一种谨慎的方式。

4. 新中国社会福利发展进程的伦理考量。本章以新中国福利制度变迁为切入点，以中国社会福利发展为主线，从社会政治伦理的视角，将中国社会福利的发展进程大致分为三个阶段。第一阶段是户籍化、身份化、低水平的社会主义计划经济福利阶段（1949—1978 年）；第二阶段是转型中注重经济效率的生产主义福利阶段（1978—2003 年）；第三阶段是社会福利保障建立却碎片化时期（2003 年至今）。鉴于我国社会福利发展的实际，本书主要从社会救助、医疗、养老保障和教育福利四个层面来探讨中国社会福利的发展和模式转换。

5. 当前中国社会福利建构的伦理理路。现代社会福利制度的产生不是“自发秩序”的产物，而是“自觉活动”的结果，其间渗透着浓厚的伦理价值色彩。但在我国社会福利的理论和实践研究中，长期缺乏对社会福利价值理念的深入探讨。这一部分，我们通过对效率主义的价值理念、平等主义的价值理念、个人主义的价值理念、集体主义的价值理念以及以人为本等价值理念的探讨，提出当代中国社会福利的伦理价值取向应是以“人民为中心”的福利共享理念、社会主义分配公平理念，其伦理价值目标是增进全体社会成员的福祉，促进人的自由全面发展。

社会福利分配原则的伦理审视。一个社会的福利资源该如何分配才是公平合理的，遵循什么样的分配原则？中西社会福利发展史上出现过平均主义的分配原则、劣等处置原则、补缺型原则、普惠性原则、按需分配原则、福利机会平等原则和福利资源平等原则等。通过比较鉴别、伦理审视并结合中国自身的国情，我们提出当代中国社会福利的分配原则应是补缺型原则与普惠性原则的有机结合，福利机会平等原则和福利资源平等原则的统一，按劳分配与按需分配的合理架构，这些原则既符合中国当下国情，又有充分的伦理理据辩护。

6. 当代中国社会福利实践的伦理反思。在这部分，我们将从福利伦理的视角考量当代中国社会福利实践的主要方面，包括：（1）中国老龄化背景下的老年福利伦理；（2）比较视域下医疗福利的伦理考量；（3）空间正义与福利房建设；（4）精准扶贫与中国特色的福利伦理四个领域，从积极和消极两个方面加以辩证探讨，从而反思问题，总结经验教训，获得启示。

二　研究方法

本书在研究中始终运用马克思主义辩证唯物主义和历史唯物主义方法，理论与实际相结合。在这一科学方法论的指导下，还采用四种具体的研究方法。(1) 以工具理性与价值理性相结合的方法，对社会福利制度和政策既从功能和效果来加以论证，又探讨其背后的价值理念、道德基础和道德理由。(2)静态分析与动态分析相结合。静态分析有利于对某一阶段的社会福利思想作出评判，为理论的分析和政策制定提供依据。动态的方法则有利于考察我国社会福利发展变化的脉络。(3) 质性规范分析与实证量化研究相结合。这主要体现在对当代中国社会福利实践问题的伦理考量部分，需要通过大量的社会学实证调查和数据分析，对规范问题给出实证的答案，因为福利伦理既是社会问题，也是伦理问题。换言之，本研究意味着这样一种尝试，希望能够将经验分析与规范研究整合，历史研究与比较研究相结合，这主要体现在对中外伦理文化和各国福利模式的比较研究中。

第四节 研究缘起：为什么关注社会福利伦理

一 在西方社会的经历

笔者于2008—2009年曾在英国访学，对英国的福利制度有了切身的体验和感受，回国后加以整理和思考，发表了论文《英国福利制度的伦理考量及启示》(《道德与文明》2010年第3期)。2010年至今，由于家庭原因，笔者一直在中国、新西兰两地居住，在生活中接触和遭遇了很多与社会福利有关的问题，比如医疗、养老、保险、教育、住房，等等。由此对大洋洲的福利制度又有了体验和了解。了解到澳大利亚和新西兰福利是以需要为基础的社会保护战略，新西兰曾经是“社会福利保障发展的世界领先者之一”，曾创造过3个月仅支付5份失业津贴的奇迹。[①] 对比中国正在进行的福利改革，结合自己的学科背景，促使笔者有了从伦理学的角度来思考社会福利问题的现实土壤。笔者知道社会福利制度的简单拿来主义是行不通的。中国具备典型的特征，独特的社会团结与均等传统、经典的社会主义实践和社会主义制度，这些都使得中国在建立社会福利制度时必然呈现出有别于欧美等西方模式不同的走势，不能以某种模式为范本，而是必须摸索出适合自己的道路。所以，我们当然应该构建中国本土化

① 参见［丹麦］戈斯塔·埃斯平－安德森编《转型中的福利国家——全球经济中的国家调整》，杨刚译，商务印书馆2013年版，第138页。

的福利理论和模式。但人们在构建本土化福利理论和模式的过程中，对西方的福利制度及理论进行有比较的、批判性的借鉴，不失为一种谨慎的方式。

二　社会主义发展和建设的目标

2022 年 1 月到 2 月，人民网再次开展全国两会调查，网友投票结果显示，“社会保障”又位列前三，第十八次进入十大热词榜单。[①] 可见人们对社会福利保障的热切关注。随着信息化、全球化的纵深发展和推进，随着我国城镇化建设的进一步发展，人们越来越深刻地认识到，民生、社会福利的建设是中国特色社会主义建设最重要的内容之一。增进民生福祉，使中国人民享有更加美好的生活是我国社会发展的根本目的；提高全社会人们的生活水平和幸福指数，是社会主义建设的最主要目标。习近平总书记指出：人民对美好生活的向往就是我们的奋斗目标。我们的发展是以人民为中心的发展，人民群众是发展的主体，也是发展的最大受益者。如果发展不能满足人民的期待，不能让群众得到实际的利益，这样的发展就失去了意义，也不可能持续。习近平总书记指出：“以人民为中心的发展思想，不是一个抽象的、玄奥的概念，不能只停留在口头上、止步于思想环节，而要体现在经济社会发展各个环节。”[②] 所以，福利民生更应是我们学术关注的重点。社会主义福利有别于资本主义，如何认识中国社会福利的特征及其在中国特色社会主义建设中的地位和作用，是一个值得深思的理论与实践问题。

三　转型社会新的社会风险的出现

站在发展的视野来看今天的中国，首先看到的是虽经过四十余年社会高速发展，中国仍处于社会转型期。在社会的转型方面，社会福利的转型则是起伏最大，变化最大的。有从高度集中的国家计划经济下的单位福利体制向市场的社会福利体制转变，有从二元性、不平等的城乡福利体制向流动性和一体化的城乡福利体制转变，有从以发展经济为主的改革发展向包括人与经济协调发展和更加整体性的福利建设的模式转变。社会在这一系列的转型中发展，伴随的社会风险并没有消除。

---

① 参见《历年两会经济热词折射中国发展轨迹》，《老年文摘报》2022 年 3 月 7 日第 1 版。

② 《习近平谈治国理政》第二卷，外文出版社 2017 年版，第 213—214 页。

比如后工业社会信息化与人工智能带来的劳动力结构的改变，冲击着现有的社会保障供给结构。①“后工业社会青睐于专业性和技能性的职业，对于不符合资格的劳工的需求就主要取决于他们的低工资。这种状况似乎也促进了‘非典型的’、不稳定的工作比如临时性的工作、兼职工作、家务劳动或自我雇佣者的增多；其后果就是可能产生核心阶层和边缘劳动大军之间更加不平等的两极分化状况。以往福利制度所奉行的一体化和平等的理念，只是相对于同质的工业阶级而言的，而现在，这种同质也已经发生了变化，代表后工业社会特征的职业周期和生命周期差异越大，预示各种不同类型的需要和期待越多。”② 2019 年突如其来的疫情，使整个世界的方方面面发生了巨大的变化，冲击着每个人的生活，加大了未来的不确定性。后疫情时代的中国也面临着严峻的考验，所有人都面临着各种各样的风险以及疫情的不确定性，更使我们对社会福利的发展和提高有所期待。

四　学术研究的延续和扩展

2015 年笔者完成了国家社会科学基金项目“分配正义与转型期弱势群体研究”。这一项目与社会福利无论从理论上还是实践上都有着较为紧密的内在关联。它既为笔者现今这一研究提供了一个良好的前期研究基础，同时《当代中国社会福利伦理研究》也可以说是“分配正义与转型期弱势群体研究”的延续和深化。因为福利制度不仅仅是经济方案（是经济上的二次分配或再分配），它同时也是某种政治共同体的显现，还是某种社会团结的表达，更是消除贫困、缩小阶层差距、铸造富有凝聚力的稳定的社会共同体的某种尝试。同时，纵观目前的中外学术研究成果，研究西方福利制度、东南亚福利模式的居多，研究中国福利，尤其是从伦理学的角度来探讨福利的较少，且很多西方人不了解甚至不知道中国也有各种福利政策和制度。因此通过本书，扩展自己的学术研究，同时也向世界介绍新时代中国福利建设的伦理理念和实践特色，既具有理论意义，也具有很强的现实意义。

---

① 参见冉昊《福利国家的危机与自我救赎》，北京大学出版社 2017 年版，第 50—55 页。

② 冉昊：《福利国家的危机与自我救赎》，北京大学出版社 2017 年版，第 50—55 页。

第一章　社会福利及其伦理动机与功能

过去的运动往往以少数人为主，维护统治阶级的利益，是为少数人谋福利的运动，而无产阶级领导的革命是以绝大多数人为基础，是为全体社会成员谋求独立和根本利益的运动。

——《共产党宣言》

每个人都追求幸福是全部历史发展结果无须加以证实的，颠扑不破之原则。

——《马克思恩格斯全集》第 42 卷

一门理论必须建立在一些基本概念的基础上，但是这些概念本身目前并没有得到很好的理解，甚至是无法测量的。一个最好的例子就是被当作一个原始概念的福利或效用（utility）的概念。当社会学或心理学将其作为一个基本概念时，理解这个概念可能会被视为是社会科学的一个共同任务。

——［印］阿玛蒂亚·森、［美］玛莎·努斯鲍姆《生活质量》

第一节　社会福利概述

一　福祉、福利、社会福利之中西渊源

在西方，福祉（well-being）和福利（welfare）是一对紧密联系且相似的概念，在还没有现代社会福利（social welfare）概念之前，通常使用福祉来描述人们的生活好不好。所以福祉指人们过得有多好（how well people are），在《英汉双解剑桥国际英语词典》中，well-being 的解释是 the state of feeling healthy and happy，即感到健康和幸福的状态，人民安居乐业就是有福祉。welfare 有两种解释：一是 physical and mental health and happiness，especially of a person，特别是指人的身心健康和幸福；二是 help given，especially by the state or an organization，to people who need it especially because they do not have enough money，是指国家或组织帮助那些因为生活贫困特别需要帮助的人群。① 可见，福利概念的第一种含义基本等同于福祉，第二种含义则有所不同。福祉主要指人的一种生存状态，一种自我感觉良好的、健康的、满足的实际存在状态。福利则是实现好的生活即福祉的各种条件、设施和保障性制度措施，是随着一个社会的实际状况和人们的期望的变化而变化的。福祉是人类福利制度设计要实现的终极目标。

表 1－1　　不同时代背景下“福利”主要含义的演变②

时期	福利概念含义	福利测量内容
20 世纪 50 年代	经济福利	GDP 增长的测量
20 世纪 60 年代	经济福利	人均 GDP 增长的测量
20 世纪 70 年代	基本需要满足	人均 GDP 增长 + 基本需要满足物供给测量
20 世纪 80 年代	经济福利	人均 GDP 和非经济因素的测量
20 世纪 90 年代	人类发展和能力建设	人类发展和发展的可持续性的测量
21 世纪初至今	生存权、公民权利、自由	发展目标和新领域：社会风险和增权的测量

中国汉语中的福利是由“福”和“利”两个字组成的。《说文解字》有“福，佑也”③。后来“福”进一步被引申为“神降吉祥以助人获取幸福”。据王子今等著的《中国社会福利史》考证，“福利”一词最初来源于“福祉”并与“福祉”相互使用。④《易·大有》篇中有“赐我福祉，寿算无极”，《诗》中也有“是以德泽洋乎海内，福祉归乎王公”。这里的“福祉”包含精神和物质两个层面。“福利”一词最早出现在《后汉书·仲长统

---

① 参见秦永超《福祉、福利与社会福利的概念内涵及关系辨析》，《河南社会科学》2015 年第 9 期。

② 参见彭华民《从沉寂到创新：中国社会福利构建》，中国社会科学出版社 2012 年版，第 97 页。

③ Sumner，A.，Economic Well-being and Non-economic Well-being：A Revien of the Meaning and Measurement of Poverty，London：United Nation University World Institution For Development Economics Research，2004.

④ 徐慎：《说文解字》，上海古籍出版社 2007 年版，第 3 页。

传》中，其中有“是使奸人擅无穷之福利，而善士挂不赦之罪辜”的论述。这里的福利主要是指物质层面上的“幸福和利益”，这也成为今天“福利”含义的一部分。[①] 唐代学者韩愈《与孟尚书书》说：“何有去圣人之道，舍先王之法，而从夷狄之教，以求福利也!”这里所说的“福利”，只是福祉和利益的简单结合，与我们今天所说的“社会福利”之“福利”当然有很大的差异。所以在中国古代社会，“福利”不被视为理想的社会生活形态，不被视为社会控制集团或者社会全体的责任，而曾长期被视为超社会的神灵对社会或某一社会群体、某一社会个体的赐予。人们常常只是被动地等待着这种“福利”。[②]

Social welfare——“社会福利”是由西方社会传播，并被现代社会广泛使用的一个概念，也是一个国家政治、经济与社会的产物。社会福利也是一个很难定义的概念，不同的国家所包含的内容和范围都有所不同，所使用的用语因制度文化不同也各有差异，而且随着时代的变迁而发生变化，不同的社会意识形态与价值，就会有不同的社会福利界定，所以人们也根据各自的立场和目的给予这个概念以不同的解释和使用。“福利经济学之父”庇古认为“福利是指个人获得的某种效用与满足，它们来自对财物、知识、情感、欲望的占有和满足。所有社会成员的这些满足或效用的总和便构成社会福利”[③]。中国社会学专家、中国人民大学郑功成教授指出：“福利包括个人福利和社会福利，其中个人福利通常被解释为幸福、快乐的同义语，是指个人对物质生活的需要与个人精神生活需要的满足；而社会福利是一个整体的概念，指一个社会全体成员的个人福利的总和或个人福利的集合。”[④] 美国《社会工作词典》1999年版将社会福利概括为两种含义：1. 一种国家的项目、待遇和服务制度，它帮助人们满足社会的、经济的、教育的和医疗的需要，而这些需要对维持一个社会来说是基本的；2. 一个社会共同体的集体的幸福和正常的存在状态。社会福利状态实际涉及人类社会生活非常广泛的方面，包括社会问题的调控、社会需要的满足和实现人的发展潜能，收入维持只是其中的一个

① 参见景天魁《底线公平福利模式》，中国社会科学出版社2013年版，第94页。

② 参见王子今、刘悦斌、常宗虎《中国社会福利史》，武汉大学出版社2015年版，第5页。

③ 周弘、张浚：《福利伦理的演变：“责任”概念的共性与特性》，《社会保障研究》2014年第1期。

④ 郑功成：《社会保障》，商务印书馆2000年版，第5页。

重要方面。状态意义上的社会福利相当于广义社会福利。社会福利制度是为达到社会福利状态而做出的集体努力。作为制度的社会福利包括两个主要方面：一是社会福利服务，二是社会责任。①

也有从福利的作用和功能上来探讨社会福利内涵的。因为福利涉及人们的主观感受和实际的存在状况，并且和各种社会事项、公共产品联系在一起。所以，进一步考察社会福利这一概念背后所蕴含的价值含义非常重要。Ginneken 指出，社会福利是“社会通过公共和集体的措施提供给个人和家庭的福利和服务，用以保证他们的最低生活标准并且保护他们免受因大量基本风险和需求而引起的生活水平过低或下降”②。美国社会工作协会（NASW）1999年出版的《社会工作百科全书》是这样讨论社会福利的：“社会福利可能最好被理解为一种关于一个公正社会的理念，这个社会为工作和人类的价值提供机会，为其成员提供合理程度的安全，使他们免受匮乏和暴力，促进公正和基于个人价值的评价系统，这一社会在经济上是富于生产性的和稳定的。这种社会福利的理念基于这样的假设：通过组织和治理，人类社会可以生产和提供这些东西，而因为这一理念是可行的，社会有道德责任实现这样的理念。”③因此，社会福利的定义包括两个重要的方面：一是人们从社会得到什么（制度、政策、方案、给付、服务）；二是人们的需求被满足到何种程度。

好的生活通常包含几个重要的元素：安全、快乐、需求的满足，喜好的实现，以及生活没有比别人差很多。它还涉及几个相对的概念：主观感觉的满足或客观测量出来的满意；普遍需求的满足或相对需求的满足；个人喜好被实现或集体感到满意。由此，福利我们可以从生活各方面的广泛意义来理解即广义的“社会福利”和仅从经济生存状态的角度来理解即狭义的“经济福利”。广义的福利不仅有身体的健康，对物质需求的满足，还涉及与物质相关的精神的“愉快”“自由”，与他人相关的“家庭幸福”“孩子的教育”，与社会相关的“安全”“公平”“正义”等内容；狭义的福利即经济学所研究的

---

① 参见纪宝成、刘大椿主编《中国人民大学中国人文社会科学发展研究报告（2008—2009）：学科整合与热点聚焦》，中国人民大学出版社 2009 年版。

② Wouter Van Ginneken, “Extending social security: Policies for developing countries”, *International Labour Review*, Vol. 142, No. 3, 2003, p. 277.

③ Robert L. Baker, *The Social Work Dictionary*: 4th *Edition*, Washington D. C.: NASW Press, 1999.

福利，是指可以用货币计量的那部分社会福利即经济福利。在当前中国社会的语境下，我们主要指广义的社会福利，包括与人民生活息息相关的教育、医疗、住房、养老等普遍性福利制度和贫困、失业、低保、残疾人救助等选择性福利制度。

二　慈善与“社会福利”

1. 西方慈善与“社会福利”

“福利”是从慈善开始的。在西方资本主义社会早期，人们想获得福利救助通常是通过教会、行会、社区、邻里、家庭等传统的慈善途径来实现的。然而，随着工业化和社会经济的发展，这些传统的慈善渠道慢慢被侵蚀弱化，从私人性的、宗教的、慈善性的组织形式向国家机构形式转化。

在欧洲大陆，福利救助的最初源泉是互相帮助。“在需要的时候，救助唯一的源泉就是对彼此的这种依赖……”，“在中世纪的大多数时间，人们将慈善工作视为一种宗教上的责任。人们对待穷人的态度是仁爱的。人们尊重那些并不是因为自身的原因而贫困的人，而且他们也拥有尊严，贫困的人在大家的帮助下度过艰苦时期”。[①]

在美国，对贫困者的福利帮助在早期来自家庭、朋友以及教堂。再稍后，私人慈善机构出现，并且地方和州政府也常常介入这个领域。19 世纪 70 年代末，美国的慈善组织会社（the Charity Organization Societies，COS）发展起来。到了 20 世纪，美国的社会问题急速增长，联邦政府不得不制定自己的社会福利法，就是我们所知的 20 世纪 30 年代的“新政”[②]。

1601 年，英国颁布了著名的《伊丽莎白济贫法》，开始以立法形式对贫困人员和家庭实施救助。英国于 1869 年和 1884 年先后建立了“慈善机关联合会”和托因比服务所；1886 年美国建立了邻里协会。各种慈善组织和团体的相继成立，使英国的慈善救助逐步向社会化、制度化方向发展，通过慈善救助而呈现的各种社会福利慢慢进入社会制度和社会政策的范畴。英国学者 C. 布思在其专著《伦敦居民的生活与劳动》中指出，应该为有生存能力的人

---

① ［美］迪尼托：《社会福利：政治与公共政策》，何敬、葛其伟译，中国人民大学出版社 2007 年版，第 36 页。

② 参见［美］迪尼托《社会福利：政治与公共政策》，何敬、葛其伟译，中国人民大学出版社 2007 年版，第 35 页。

提供工作机会，使他们摆脱就业竞争压力，能够生存下去。至此，英国逐渐形成国家应保障国民最低生活水平的福利观念。由此可见，从历史发展的脉络来看，西方社会福利制度是从基于基本生活需要而提供的零散的慈善救济开始，逐渐向基于权利而提供的系统的、制度化的服务转变。

2. 中国慈善与“社会福利”

从公元前2070年开始，中国步入了阶级社会。长达3900多年的中国古代社会历史经历了众多的朝代更替，呈现出从野蛮到文明，从落后到先进的发展轨迹。从前面我们对福利一词的探讨中就可以发现，中国最早的“福利”与西方的福利概念是有区别的。事实上中国古代的福利实践就存在于历朝的官方慈善救济和民间慈善中，所以中国福利也是源于慈善救助。

明清以前中国的慈善救助主要以官方为主。据史料记载，从传说时代历经夏、商至西周，就有了养老制度，历代统治者对于老年人都很尊重，并采取多种措施予以生活方面的照顾；而对于鳏寡孤独四种最为贫穷的人，国家给予定量口粮供应。《周礼》记载了西周的社会慈善救济措施，其中之一是设立专门官职，负责社会慈善救济。如“大司徒”的职责就是实行荒政和救济孤寡，施惠散利等。而荒政制度，就是对灾民的救助，从维护统治出发，中国历代统治者都比较重视荒政。除此之外，还有汉代的平仓制、隋唐的义仓制、南宋朱熹创立的社仓法等，都体现了历朝官方对灾民和贫困者的慈善救助。其中宋朝官办的社会慈善救助尤为发达，设立了东西、南北二福田院收容老幼、乞丐与残疾人，后又设立收养贫民的居养院和救治贫病之民的安济房。元代设立了养济院、惠民药局等，可见中国的官方慈善救济历史久远。

中国古代民间慈善也并不逊色。我国古代不仅有大批救孤恤贫、周济帮困的仁人义士，如魏晋南北朝时期的刘虞、张范，宋代的李发、黄颐，元代的夏椿等，还出现了专门致力于慈善救助的民间组织。如有唐朝的悲田养病房，宋代的“接待院”、范氏义庄等，他们乐善好施，扶贫济困，充分体现了中国人的善良与宽厚，为我国后来社会公益救助奠定了一定的基础。

鸦片战争后，随着中国社会形势的急剧变化和西方的冲击，中国传统慈善也开始从观念上和实践上进行了转型。一方面政府在慈善理念上有了改变，认识到中国传统的善堂有局限，不能只养不教，应该教养结合；认识到慈善公益活动不能仅仅限于对鳏寡孤独、贫病残疾之人的救助，还要面向社会大众，“体现于使社会走向进步发展”①。另一方面从实践上扩大了慈善机构的职能范围，创设了新的慈善内容和机构，如北京的教养局、上海的勤生院、天津的广仁堂等。这些慈善机构虽然名称不同，各有一些特点，但提供的帮助和服务大致相同，都是接济或收养处于贫困家庭的子女，学养结合，使他们以后能自食其力，不至于再陷入悲惨境地，甚至还出现了专门从事手工技艺等教育的“贫民习艺所”，如江苏太仓的“艺徒学堂”，创于1908年，“分木工、藤工两种，专收贫民子弟之有志习艺者”②。到了晚清时期，类似的慈善组织更是纷纷设立。因此，正如有学者指出“戊戌维新运动期间新型民间社会公益事业的出现，是近代中国民间慈善公益事业从传统向近代发展变化的一个重要的初始时期”，“直接反映了传统慈善事业向近代社会公益事业扩展的趋向”。③ 由此可见，“慈善”与“社会福利”在中国无论从内涵上还是外延上都是紧密联系的。

三　“社会保障”与“社会福利”

社会保障译自英文“social security”一词④，1935年美国《社会保障法案》中首次提出，“主要是对老年人、遗属、残疾人提供的现金补助和生活保障”⑤。“social security”最初是作为防止风险、防范危机意外或摆脱困境、获得安全，类似于社会救助的一种制度安排。社会救助“social assistance”，是西方社会当时为应对社会贫困而产生的社会机制，属于社会保障的基础；social insurance（社会保险），则指人们在遭遇意外如伤残、疾病或失业等不幸时能够获得一定的损失补偿，以能够维持基本的生活。随着经济的快速发展，社会保障不再局限于救助贫困群体或遭遇特殊事件群体，而是逐步发展成惠及全体成员的社会福利“social welfare”，所以社会福利是随着社会经济的发展，社会为顺应人们提高改善生活质量要求的产物。20世纪30年代，美国在经济衰退和全国失业人数上升的情况下意识到生活在现代化社会的人，无论

---

① 王卫平、黄鸿山、曾桂林：《中国慈善史纲》，中国劳动社会保障出版社2011年版，第85页。

② 王卫平、黄鸿山、曾桂林：《中国慈善史纲》，中国劳动社会保障出版社2011年版，第91页。

③ 朱英：《戊戌时期民间慈善公益事业的发展》，《江汉论坛》1999年第11期。

④ “social security”也可被译为“社会安全”，但在美国1935年的《社会保障法案》（*Social Security Act*, 1935）中，“social security”被译为“社会保障”。

⑤ 董克用、孙博：《社会保障概念再思考》，《社会保障研究》2011年第5期。

贫富都会遇到自身不能预料和控制的风险成为需要援助的人。[①] 因此，普遍的社会福利可以降低所有人的生活风险。由此可见，西方社会福利经历了从社会救助、社会保障、社会保险的转变，其内容也随时代而不断丰富，由救助贫困者的贫困救助或是保障遭遇特殊事件者的危机风险逐步转向为促进人的生活质量提高的福利制度。

对于“社会福利”与“社会保障”的界定及区别与联系，中国学界一直有两种不同的观点。一种观点是将社会福利看成社会保障制度的一个组成部分，陈良瑾和唐钧老师持这种观点；北京师范大学的尚晓援教授则提出社会福利包含社会保障，她指出“广义的社会福利制度指国家和社会为实现社会福利状态所做的各种制度安排，包括旨在增进收入安全的‘社会保障’制度。狭义的‘社会福利’则指为帮助特殊的社会群体，疗救社会病态而提供的社会服务，它与‘社会保障’的制度安排同为促进人类幸福的制度措施，只是二者所针对的是不同的”[②]。可以看出，这一定义认为社会福利包含社会保障，社会福利包括了理念、道德责任和制度实体等不同层次的含义。

在美国，社会保障概念也经历了一个历史的变化过程，最初社会保障包含了较多内容，大多与人们的基本需求有关。后来内涵越来越狭窄。主要原因是在几十年的社会发展中，美国政府又相继制定了很多与人们生活、工作、医疗等息息相关的社会政策。这些社会政策不仅保障人们基本生活，还提高人们的生活品质，帮助人们获得就业机会等。显然社会保障概念已不能涵盖这些丰富的内容。所以，在美国大多是把社会福利作为包括社会保障和其他社会政策在内的一个含义更为广泛的概念来使用的。

日本也是把社会保障归至社会福利的范围。日本学者宫本太郎提出了福利体制论。他认为体制是指多个社会经济势力联合的背景下各个国家政治经济的一种持续性状态。“福利体制是指，与社会保障和福利服务相关的几种制度组合在一起后，拥有某种特性的体制。”他指出“福利制度通常由公共社会保障制度，即社会保险、公共救助、社会津贴和公共服务制度、私人保险、

① 参见陈树强、李翊骏《社会变迁与社会福利基本概念的转变》，《中国青年政治学院学报》1998 年第 3 期。

② 尚晓援：《“社会福利”与“社会保障”再认识》，《中国社会科学》2001 年第 3 期。

企业福利、民间服务等市场性制度以及家庭和社区等共同体制度组合而成”①。“福利体制”的“福利”一般指广义上的所有社会保障和福利服务。

中国的社会保障、社会福利概念是改革开放初期从美国引入的。但从输入这两个概念伊始，政府和学界就把社会保障作为一个广义的概念来使用，而将社会福利作为一个狭义的概念来使用，社会福利只是社会保障的一个组成部分。所以与美国的社会保障概念不同，中国的社会保障已经成为内涵具有“中国特色”的概念。中华人民共和国国务院新闻办公室 2004 年 9 月发表的《中国的社会保障状况和政策》白皮书介绍，“中国的社会保障体系包括社会保险、社会福利、优抚安置、社会救助和住房保障等”。其中的社会福利主要是指为老年人、孤儿和残疾人等弱势群体提供的社会福利，即满足他们基本的生活需求，属于“补缺性”的社会福利。

由此可见，西方现代社会福利概念涵盖了社会保障内容，而中国当今的社会保障却涵盖了社会福利，这也正是学者们在学术探讨时有时含混模糊的原因。笔者认为，随着当今社会的发展，社会福利是一个比社会保障更具开放性的概念。从某种角度看，“社会福利”应是“社会保障”的高级形式。从社会发展的历史来看，无论西方资本主义国家还是社会主义中国，最初的社会福利即社会保障都只是针对遭遇各种风险和困难的社会成员，如孤、寡、病、残、年老、死亡、失业及遭遇意外灾害的社会成员，也就是我们现在通常所说的少数弱势群体，是一种选择性的、救助性的制度安排。随着社会经济的发展，“社会保障”逐步过渡为现代“社会福利”，其实质是为所有公民普遍提供的旨在保证一定的生活水平和尽可能提高生活质量的普惠性的制度安排。包括增进收入安全的社会保险制度安排（如失业保险）、提升生活质量的社会福利服务制度安排（养老服务）、提供生活机会的制度安排等（义务和成人教育）。即社会福利分为收入安全福利、社会服务福利、发展机会福利等方面。同时社会福利是随着一个社会的现实状况和人们需要的变化而变化的，社会福利的实现要以生产力的提高和经济的发展为基础，以国家一定的财力为支撑。西方是从对贫困的救济发展到社会保障制度再到社会福利国家；我国近 50 年的福利发展史也说明我国同样经历了由社会救济保障到社会福利的

① ［日］宫本太郎：《福利政治：日本的生活保障与民主主义》，周洁译，社会科学文献出版社 2015 年版，第 22 页。

转变。[1] 我们在医疗、住房、教育等诸多方面的问题，基本上都是属于社会福利领域的问题。所以本书中所用的“社会福利”概念是广义的，包含了社会保障，是“社会保障”的高级形式。

第二节　社会福利的伦理诉求和功能

一　社会福利的伦理诉求

社会福利的本质是人们基于利益的一种社会关系，是体现利益关系的一种满足状态。而伦理道德是调整利益关系的价值规范，是以平衡各方利益为基础的，它是协调人与人之间、人与社会之间、人与自然之间关系的制度规范，一种基于利益基础的意识形态，是精神的提升。由此可见，伦理道德和社会福利二者之间存在着以利益为基础的天然和必然的契合。

把社会福利作为一个当为概念是以“社会福利是善的”价值判断作为前提的，是从其动机、目的来理解社会福利。作为当为概念的社会福利概念潜藏着国家应对福利负责或国家有义务实现国民福利的含义。所以社会福利的伦理诉求有两个方面。

（一）给国民一个安稳的生活，促进社会公平

首先，一个国家建立福利保障制度的目的是保护本国民众免受贫困灾害、年老疾病、工伤失业等风险的冲击，给国民一个相对安稳的生活，这是社会福利的伦理动机，也是社会福利的伦理诉求。通过建立福利制度体系，加入福利成分的风险分摊和互助共济机制，从而保障国民的基本权利，降低个人的危机和风险系数，这是社会福利制度的本质特征，也是现代国家的基本责任。

其次，福利保障制度对提高弱势群体的可支配性收入有一定作用。社会福利是“二次分配”，社会福利作为调节收入分配的工具之一，随着我国福利保障制度的不断建立健全，覆盖面不断扩大，国家对福利财政投入比例会不断加大，福利保障资金会不断增加，其在收入分配中的重要性会不断提高。因此，通过福利体系建设调节收入分配，缩小收入差距，促进社会公平，也

---

① 参见王子今、刘悦斌、常宗虎《中国社会福利史》，武汉大学出版社 2013 年版，第 293 页。

是社会福利的政治伦理诉求。

（二）保障民族团结，建立互助共济的和谐社会

福利制度是与税收制度紧密联系的经济策略，但又不仅仅是一种经济策略，它是基于追求社会公正的政治伦理理念的制度安排，其社会功能不是多缴多得，而是互助共济，共生共在；是以群体的力量来化解个体的风险，并为所有人提供稳定、安全的预期，所以福利制度又是某种伦理共同体的呈现，是社会有机团结的表达，是消除绝对贫困、缩小阶层差距、铸造富有凝聚力的稳定的社会共同体的积极努力。当代中国的主要矛盾是人民日益增长的美好生活需要和不平衡不充分的发展之间的矛盾，通过社会福利的制度整合，消解社会利益矛盾，提升人民对国家的认同，保障民族团结和国家和谐，是社会福利的重要伦理诉求。

与某个国家是不是福利国家的问题相比，该国是什么样的福利国家这一问题更为重要。今天我们所要探讨的问题是，面对老龄化、全球化、信息化等新趋势，各个国家应该如何采取相应措施？实施什么样的社会福利？

二　社会福利的伦理功能

社会福利通常被认为是无效益的付出，只消费不生产。这是因为人们只看到了社会福利的结果，却没有看到社会福利的后果，只担忧社会福利支出的增长，却没有看到社会福利对社会、经济、政治等各方面的贡献。社会福利的伦理功能表现在五个方面。

（一）提升人类尊严，保障人民有尊严地生活

每个人都有做人的尊严，都希望有尊严地生活。所谓人的尊严，就是人的内在价值或固有价值，也就是人之所以为人的本质。维护每个人的尊严，让每位公民过上体面的、有尊严的生活，是现代民主国家的基本责任。2012年在国际劳工大会上通过的《关于国家社会保护底线的建议书》[①] 中指出："基本收入保障应能够维持有尊严的生活，国家确定的最低收入水平应与一系列必需品和服务的货币价值、国际贫困线、社会救济起始标准或者与由国家法律或实践规定的其他可比标准相一致。"人民生活得有尊严，是国家的荣

① 参见《关于国家社会保护底线的建议书》2012年第202号。

耀。2010年时任总理温家宝同志首次指出：要让人民生活得更加幸福、更有尊严。党的十九大和新颁布的《民法典》也明确提出了人民享有“人格权”。社会福利体系就是要保障国民基本生活和发展的需求，保护公民免受重大灾难和风险的打击。

福利国家的出现是人类历史上的重大制度性突破。社会福利可保障人民的最低生活标准，确保每个公民只要各尽所能，在任何时候都有足够的收入尽自己的抚养和赡养职责，以满足人们的基本生活需要，使每个国民获得最起码的有尊严的生活。虽然在当代社会福利体系里仍然有部分给付的福利带有一定的帮扶的成分，如低保金、特困金、廉租房等，具有社会救助、社会补偿的功能和作用，但大部分社会福利是一种社会权利，如以退休金来保障老年人晚年的经济安全；以失业保险金来预防与补救工人的工作不安全；以社会救助来维持贫困家庭的基本生活所需；以廉租房、公租房来使低收入贫困家庭有安身之处等，通过社会福利和服务，给予社会底层劳动者基本的生活保障，使得每个公民都能维持过得去的有尊严的生活。社会福利通过免费或适当付费的社会服务，可以提高人们的生活质量。可见社会福利具有分配与再分配的作用，能够在一定程度上解决由市场带来的需求不满足问题，保障人民有基本的有尊严的生活。

（二）社会福利能减少不平等，促进社会团结、和谐

很少有人能够意识到，在所有“福利社会的”思想、评价和形态背后，是对“更多平等”的普遍要求。“福利社会的”“正义的”“团结的”“接纳的”等规范性概念，看起来像是对所存在状况的批评和不满与批评相对应的各种要求：要改变现状、要获得更多可实现的希望。然而能够作为“福利社会的”“正义的”“团结的”“接纳的”而被提出来要求的整体能量，最终只能通过“更多平等”这个基础来得以定义。所以“福利社会”指的是对不合理的、不平等的生活状况加以甄别并将生活状况朝着“更多平等”的方向加以改变；是由那些试图避免、阻止和弥补“不合理的不平等”的努力所塑造的生活状况。可以说“福利社会”是一个有力度的概念，是可以减少不平等或能把各种变化朝着“更多平等”的方向推去，并抵挡重回“更多不平等”的倾向。比如，可以通过免费义务教育提供公平教育机会来建立更平等的社会，通过改善弱势群体的困境，弥补社会弱势群体付出的社会成本，有助于

利他主义的发扬和社会团结整合等。

社会团结是指一个国家、一个民族或一个团体，每一个人作为集体的一分子，没有出身、种族、性别、身心条件等差异而能相互认同，互惠互利，相互容忍与帮助，共同面对困难与危险，同生共在。团结的社会是互惠多于竞争，公益多于私利，平等多于差序，协商多于威权的。在以往的传统社会中，互助是人们获得保障的重要手段之一，如农民通过家庭和家族内部的互助满足保障需要，工人通过行会或兄弟会的互助满足保障需求，现代社会福利保障制度中的全民互助源于这种古老的传统。一个好的社会福利保障体系能对政府和公民个人的行为进行规范，调节社会不同方面（阶层、团体、利益集团和个人）的利益关系，以平衡社会各类成员的需要，维护社会安定和谐，进而达到某种程度的社会平等。社会福利不同于商业保险，商业保险费率会根据风险程度进行调节，风险越高，费率越高，不同的参保因风险不同而缴纳的费率不同。社会保险则不同，它不依照风险来缴费，而是依靠政府的强制力量来实行。[①] 正如蒂特马斯所说社会福利能够促进社会整合和协调，防止疏离；将不同民族、不同种族以及不同的民族文化整合到社会中来。社会福利如同"桶箍"一样将人们紧紧结合在一起，互相帮助，不让人们因财富分配不均而相互嫉妒、仇恨；让社会成员紧密地结合在社会福利的安全网之下，而非松散地各自在丛林中奋斗求生存。所以，社会福利不仅是利他主义的一种表现形式，也是使人们团结互助，建立一个平等和有凝聚力的社会的手段。

（三）社会福利能够净化社会风气

社会风气与社会发展紧密相关。当今世界随着科技的快速发展，社会的发展也日新月异，使人们必须不断地学习才能适应社会的发展。一方面，经济全球化、地缘政治、战争冲突使各个国家和人民都面临一些新的风险和挑战；资本与劳动力在世界市场的自由流动使各国之间的竞争突出表现为人力资本、灵活的劳动力市场和较低的税收等方面的优势竞争。另一方面，随着传统家庭功能减弱、工作竞争越来越大且越来越不稳定或就业保障下降，人口老龄化以及社会排斥等一些社会问题的出现，会对整个社会风气造成消极的影响。面对百

① 参见周弘《社会保障制度国际比较》，中国劳动社会保障出版社2010年版，第7页。

年未有之大变局，人们普遍感到生存的压力和竞争的焦虑，突如其来的新冠疫情更增添了人们对未来不确定性的担忧，对社会福利保障制度的期盼和认同。通过建立一种积极的福利制度，使社会各个成分都能够充分发挥各自的作用，通过国家干预来提供社会福利，可以弥补由市场失灵或市场缺陷所带来的一系列社会问题，从而对净化社会风气也起到积极的作用。根据人民网“全国两会热点调查”结果显示，社会保障问题在多数年份都是三大热点问题之一，甚至在2011—2014年连续四年排名第一，凸显了建立完善的社会安全保障体系的极端重要性。

我们根据人民网“全国两会热点调查”结果，整理了2002—2017年全国两会期间民众最关心的问题。

表1－2

年份	第一位	第二位	第三位
2017	反腐倡廉	社会保障	医疗改革
2016	社会保障	居民收入	医疗改革
2015	收入分配	重拳反腐	经济新常态
2014	社会保障	反腐倡廉	医药安全
2013	社会保障	收入分配	反腐倡廉
2012	社会保障	收入分配	医疗改革
2011	社会保障	司法公正	反腐倡廉
2010	养老保险	依法拆迁	反腐倡廉

社会福利还能够弘扬利他主义精神。“给予”是现代社会重要的元素，社会福利通过再分配，可以促进利他主义。

（四）社会福利还具有社会批判，帮助人们作出道德抉择的功能

马克思主义唯物史观认为，经济基础决定上层建筑，上层建筑对经济基础具有反作用。社会福利制度作为上层建筑也是对社会现实的反映和回应，是对社会问题的反思与批判。它从救助社会弱势群体，保障社会全体成员的生活，缩小贫富差距，追求社会公平正义的角度出发，审视社会现实问题，并要求社会采取积极的态度来解决。所以我们这里探讨的社会福利并非权宜之计式的临时性制度安排，在很大程度上，他们也表达着明确的道德观念。社会福利保障不是市场效率和交易，而是社会公正；不是个人自负其责，而是互助共济；不

是利己主义，而是集体主义与共享主义，是利己与利他的双赢。

另一方面，社会福利也使人们从人类自身思想观念方面进行反思，从社会意识对社会存在的反作用上寻找导致各种社会问题的价值观和认识论原因，运用意识形态争论的武器，对影响人们对待社会问题的态度的政治思想和道德思想进行分析研判，对现实社会所奉行的福利制度和社会政策作意识形态考量，从而澄清各种理论及观点，使人们能够在所处的社会环境中结合具体的社会现实，作出符合实际的政策判断和道德抉择。

（五）社会福利同时具有促进社会公平正义和发展的功能

从社会福利的发展史我们可以看到，社会福利是随着社会的发展而形成和发展起来的，现代社会福利体系的形成与西方社会工业化和城市化有着紧密的联系。社会福利作为“二次分配”，反映了政府作为社会公共利益的代表对于人民的福利状况所负有的责任，代表了国家对人民福利权利的保障程度，或者说公民权的实现程度。“社会福利能在一定程度上确保所有公民终生有效及他们实质性自由（可行能力）所必需的基本物质条件”①，如为下岗失业人员提供职业再培训和过渡性失业津贴，为农民工提供可以栖身的廉租房和医疗保障等。这样的国家福利功能不仅是必然的，也是有效的，且与激励机制相容，因而也是自足可持续的。这样的“二次分配”能使处于社会底层的劳动者获得基本的生存空间，给予他们基本的生活保障，共享社会发展成果，从而减少相对贫困，促进社会公平。

---

① 高功敬：《国家福利功能的正当性研究》，博士学位论文，山东大学，2014 年。

第二章　现代西方关于社会福利的伦理论争

全面发展的“富有”的人同时就是，需要有完整之人的生命表现的人，在这类人身上，其自身的实现表现为内在的必然性——需要。

——《马克思恩格斯文集》第 1 卷

福利是物质手段与精神目的的复合体，在连接财富与幸福之间的轴线上，你可以发现它的影子。

——［英］T. H. 马歇尔、安东尼·吉登斯等《公民身份与社会阶级》

第一节　现代西方社会福利产生溯源

西方社会福利渊源深厚，社会福利理论演进曲折复杂。根据西方社会福利制度由建构选择性的救助福利到实行普遍性的社会福利的发展脉络，我们可以看到其发展的伦理特质是从发轫于地位不平等的没有人格尊严的慈善救济，到实现政府政治道德责任的制度化，从实行特殊的“救济”向普遍“保障”的转向。

一　慈善救济——现代西方福利制度的前身

现代西方福利制度的前身主要是慈善救济。慈善救济虽然在西方比较普遍，但无论是教会、私人救济，还是伊丽莎白一世开始的国家公共救济（《济贫法》1601 年），被救济的无论是群体还是个人都是不能有任何权利要求的。因为在当时的人们看来，慈善本质上是任意的，是赠予者单方面免费的赠予，赠品的接受者完全是被动的，因此他们没有任何道德或法律权利可言。即使到 1834 年之后公共救济的情境下，被救济的贫困者也不具有任何权利，他们的任何获得帮助的需求都只有通过同政府签订一种类似契约的方式来达到。

“公共的救济是与一套要求工作的激励措施连在一起的，并且对那些在贫民习艺所的人来说，实际上是一种惩罚体制。”① 自17世纪开始，社会福利制度有了它最初的足迹。1601年，英国颁布《伊丽莎白济贫法》，开始以立法的形式以工代赈，对贫民实施救济。但这个救济政策区分了两种贫困：值得同情的贫困（Worthy Poor）和不值得同情的贫困（Unworthy Poor），阐明了个人工作的权利和个人应该承担的责任。即社会救济福利只提供需要满足物给那些值得同情的人。身体状况良好的失业者被认为是不负责任、缺乏志向和对社会造成潜在危险的人，他们是不值得同情的贫困者，社会不宽容这样的贫困者。这种价值观将失业和贫困归因于个人，是个人的责任。1834年又通过了新的《济贫法》，但新法对救济对象有了一定的规定限制，即被救济者要获得救济，必须进入济贫院且以丧失自由、尊严和选举权等为代价。恩格斯指出，英国工人阶级的情况“并没有因为有了新济贫法而有所改善。工资没有提高，‘多余的’人口没有消失，新法律的残酷只是激起了人们的极端愤怒”②。之后英国于1869年和1884年先后建立了“慈善机关联合会”和“托因比服务所”；1886年美国建立了邻里协会。这些慈善团体和社区睦邻组织的建立，标志着慈善事业开始向社会化、制度化发展，社会福利开始被列入社会制度和社会政策的范畴，社会福利制度初具雏形。英国统计学家C. 布思在《伦敦居民的生活与劳动》（1891—1903）一书中曾指出，国家有责任使病人、老年人、残疾人及儿童摆脱就业竞争；有责任保障有生存能力者的生活。此后，逐渐形成国家应保障最低国民生活水平的福利理念。

二　从“俾斯麦模式”到公共福利的建立

19世纪80年代，德国面对日益严重的劳资冲突，铁血宰相俾斯麦在德国创造了被后世称作“俾斯麦模式”的社会保障体系，其核心是雇主、雇员与政府三方共同承担社保与医保资金的筹集。具体是，1883年德国国会通过了俾斯麦政府提交的《疾病社会保险法（草案）》，这是世界上第一部疾病社会保险法。规定对全体从事经济性工业活动的工人一概实行强制性疾病社会保险。1884年，德国国会通过了俾斯麦政府提交的《工伤事故保险法（草

① 王元华：《“后福利国家”时代对福利权利的辩护——评雷蒙·普兰特的社会权利观念》，《辽宁行政学院学报》2006年第7期。

② ［德］恩格斯：《英国工人阶级状况》，人民出版社1962年版，第551页。

案)》，这是世界上第一部《工伤事故保险法》，规定在工作中发生事故的人或死难者家属，可以从那些实行事故保险的同业工伤事故保险联合会中得到抚恤金。1889 年，德国国会通过了俾斯麦政府提交的《老年和残疾社会保险法（案)》，这是世界上第一部老年保障法，对工人和低职官员一律实行老年和残疾社会保险。德国保险三法的颁布标志着社会福利正式以法的形式体现出来，并且上升到国家的制度。

1936 年美国颁布了《社会保障法》，包括社会保险、社会救济等各项内容。这是社会福利最早以体系化的形式出现在人类的历史舞台。社会福利制度的内容不断扩展，社会福利水平得到不断提高。为了应对第二次世界大战对英国的影响，1942 年的《贝弗里奇报告》可谓社会福利制度发展的经典著作，它是社会保障发展史上具有划时代意义的著作，曾影响英国、欧洲乃至整个世界的社会保障制度的建设和发展进程，被业内人士视为福利国家的奠基石，使得现代社会福利制度得到发展进步。①

18、19 世纪的社会福利工作受自由主义的影响，认为贫困不是外部环境的结果，而是个人性格的缺陷、无能和懒惰所致，所以个人应对自己的贫困负责，国家不负担救济和帮助贫穷者的责任和义务，私人可以举办社会救济和社会福利而不受国家干预。

由上可见，从 15 世纪开始，伴随着西方资本主义社会从萌芽、变化到高速发展，西方社会福利也从开始出现到逐步发展成熟。从第一次世界大战开始，处于不利困境的人越来越多，战争牺牲者、失业青年、单身母亲等，福利国家制度逐渐由救助处于不利境地的困难群体普遍化到所有人，其帮助防止“低于正常水平原则”发展为正常性原则。“福利为所有人”“更高的生活质量”成为口号，福利也成了人们应有的“公民权利”。到 20 世纪 50—70 年代，公共福利产生且成为福利国家的应当。

第二节　西方不同学派对社会福利的道德态度②

西方对社会福利的实施无论政府还是民间一直都有支持和反对两种不同

① 参见周天翼《社会福利——一个由伦理到制度的变迁》，《学理论》2015 年第 7 期。

② 本节部分内容以《从慈善到正义——西方分配正义中的弱势群体观探究》为题，发表于《贵州社会科学》2012 年第 10 期。

的声音。从伦理学的角度来看，这两种不同的声音实际上是对待社会福利的两种不同的伦理价值观和道德态度，社会福利论争背后实际上体现出不同的道德价值之争。正如费奥纳·威廉斯（Fiona Williams）所说："福利是我们所面临的道德选择"，"福利研究面临着每一个社会都必须回答的中心道德问题"。[①] 蒂特马斯也指出在社会福利体系之内，人们无法逃避各种价值选择，我们所能做到的是更清楚地揭示需要社会正视的价值抉择。"无论我们得出什么结论，我们都不能逃避道德与政治价值问题。"[②]

一　从亚里士多德到康德的不同的福利救济观

亚里士多德认为照顾穷人、弱者是个人的慈善，不是政府的职责。他指出："城邦均由两个部分组成，即由穷人与富人组成"，"世上常常是富户少而穷人多"[③]，"显贵阶层中心胸慈善、慷慨大度的人常常周济穷人，使他们有了某种生计"，"让穷人们也能使用富人的财产"。[④] 亚里士多德还把慷慨看成高贵的德性，因为慷慨的人的特征主要是把财物给予适当的人。"德性在于行善"，"索取比给予要容易些，因为人们宁愿不取于人也不愿舍弃己之所有"，因此，"慷慨的人最受欢迎"[⑤]，"施惠者的情形差不多就是这种样子，那个接受到他的恩惠的人就是他活动的产品，所以他钟爱那个受惠者，而那个受惠者却并不爱这个制作者"，"原因在于受惠者处于债务人的地位，施惠者处于债权人的地位"。[⑥]

亚里士多德明确指出，道德慈善要讲究有效方法，要避免纯粹把财富无偿分发给平民，"大家一而再地得到，必然无休止地想再得到，这样周济穷人就好比往漏杯中注水"[⑦]。可见，虽然亚里士多德是第一个明确提出分配正义

① 转引自［英］艾伦·肯迪《福利视角：思潮、意识形态及政策争论》，周薇等译，上海人民出版社 2011 年版，第 9 页。

② 钱宁：《现代社会福利思想》，高等教育出版社 2006 年版，第 185 页。

③ ［古希腊］亚里士多德：《亚里士多德全集》第九卷，中国人民大学出版社 1994 年版，第 222 页。

④ ［古希腊］亚里士多德：《亚里士多德全集》第九卷，中国人民大学出版社 1994 年版，第 205 页。

⑤ ［古希腊］亚里士多德：《尼各马可伦理学》，廖申白译，商务印书馆 2003 年版，第 97 页。

⑥ ［古希腊］亚里士多德：《尼各马可伦理学》，廖申白译，商务印书馆 2003 年版，第 272—273 页。

⑦ ［古希腊］亚里士多德：《亚里士多德全集》第九卷，中国人民大学出版社 1994 年版，第 221 页。

并作出系统论证的思想家，但由于他把正义看作一种个人的德性，所以分配正义只是“部分德性”和按“比例分配”，故救济穷人和救助弱势群体在他那里就只是个人的慈善、施惠，是慷慨的德性，不是国家分配正义的内容，更不是社会福利的内容。但尽管这样，救济和帮助穷人与弱者仍然是个人的美德，是值得赞赏的，所以他主张由个人通过慈善去对弱势群体加以救助，而不是政府和国家去帮助。

随着近代生产力的发展，社会财富的增长以及政治上的不断进步，使消除穷人的贫困有了现实的可能性，加之受近代启蒙思想的影响，社会对穷人的态度发生了很大的变化。正是在这样一种社会背景下，诞生了现代的社会福利观念，即没有人应该过贫困的生活，没有人需要忍受贫穷。国家能够而且应该帮助人们摆脱贫困，为穷人提供帮助和福利被认为是政府工作的一部分。

康德是第一个明确提出救济穷人是国家义务而不是个人义务的思想家。与亚里士多德建立在不平等基础上的分配正义观不同，康德从论证人人权利平等来表现他对待穷人弱者的态度。

首先，康德清晰明确地提出了所有人平等的观点。康德说，任何一个人，一个理性的人，“都是作为本身目的的存在，而不是他人的手段”①。每个人都有“绝对价值”，这就是平等的价值。正因为所有人都是平等的，所以人们有价值不仅仅是因为有亚里士多德意义上的美德，还在于他自身，因为拥有理性，所有人都有权利获得美好的生活。帮助他们获得美好的生活，或者至少帮助他们确保实施理性意志所需的最低生活需要，就成为一种义务而不是善意的行为。即“照顾穷人是每个人的义务的观念，是道德上处于同等地位的人相互之间义务的一部分，不是某些人特殊美德的表现”。②

其次，康德提出公共正义包括：“保护性正义”“交换正义”和“分配正义”。他说：“分配正义包括法庭在具体案例中运用法律的方式，分配正义的存在则在这个意义上体现了有政府和没有政府的自然状态之间的差异。”③“在没有实施法律的地方，财产的获得仍然是临时性的，因为它不是通过公共

---

① ［德］康德：《道德形而上学原理》，苗力田译，上海人民出版社 2005 年版，第 48 页。

② ［美］塞缪尔·弗莱施哈克尔：《分配正义简史》，吴万伟译，译林出版社 2010 年版，第 102、103 页。

③ Immanuel Kant, *The Metaphysics of Morals*: 2nd *Edition*, trans. Mary Gregor, ed. Lara Denis, Cambridge: Cambridge University Press, 2017, p. 121.

（分配）正义确定的，没有经过当局确认这个权利生效的程序。”① 所以，康德的分配正义理念是对国家作用的积极肯定。康德认为，如果国家不贯彻分配正义，那么就没有真正的个人权利可言。

再次，康德敏锐地指出国家管理对穷人的救济比私人的慈善有道德优势。因为康德注意到，给人施舍“抬高了施舍者骄傲”的同时“贬低”了接受者。他说：“最好去看看穷人是否有获得帮助的其他方法，而不是以遭到贬低的方式接受施舍。”② 他认为，慈善使施予者和接受者之间划出了隐含的等级界限。当我给别人施舍的时候，自我感觉比接受帮助者优越。因此，我在从物质上帮助他的时候，却从道德上贬低了他。有美德的行为不应该表现，更不应该创造这种不平等。由此他得出结论：给予别人的物质帮助的义务应该被理解成对别人权利作出的反应。慈善不应该被看作“善意和慷慨的表现，而是荣誉的债务”③。所以应由国家管理对穷人的救济，政府是通过收税为穷人提供救济，每个人都有作出贡献的义务，为穷人提供的救济就变成了权利而不是恩惠。他说，政府强制富人为无法得到最基本生存需要的人提供生存条件，是建立国家的社会契约的一部分。正如 J. 范伯格（Joel Feinberg）所说：“很清楚，‘慈善’和‘人道’虽然足以满足动物的权利，对人类来说却是不够的。所以，我们必须赋予人类另外一种我们有意不给动物的权利。这样一类权利就是更高一层次的尊重，一种不可侵犯的尊严。”④

最后，康德还提出，我们都有培养开发自己“才能”或者“天赋”的义务。他指出把我们自己引向“更完美”的过程，再把我们的潜力最大限度地变为现实，是我们的道德责任。“因为作为一个有理性的东西，他必然愿意把自己的才能，从各个不同的方面发挥出来。”⑤ 在这一过程中，如果社会能够帮助我们，尤其在个人如果得不到社会的帮助就无法在自我发展中取得进步

---

① Immanuel Kant, *The Metaphysics of Morals*: 2nd *Edition*, trans. Mary Gregor, ed. Lara Denis, Cambridge: Cambridge University Press, 2017, p. 124

② Immanuel Kant, *The Metaphysics of Morals*: 2nd *Edition*, trans. Mary Gregor, ed. Lara Denis, Cambridge: Cambridge University Press, 2017, p. 236.

③ Immanuel Kant, *The Metaphysics of Morals*: 2nd *Edition*, trans. Mary Gregor, ed. Lara Denis, Cambridge: Cambridge University Press, 2017, p. 136

④ ［美］J. 范伯格：《自由、权利和社会正义》，王守昌、戴栩译，贵州人民出版社 1998 年版，第 141 页。

⑤ ［德］康德：《道德形而上学原理》，苗力田译，上海人民出版社 2005 年版，第 42 页。

时，那么在道德上社会就似乎应该而不仅仅是允许提供这种帮助。这就大大地扩展了国家帮助穷人的义务，即不仅要提供生活必需品，供给最低限度的医疗和自尊，还应帮助弱者培养和发展能力。因此，他敦促政府开办学校、医院，以及为病人和无家可归者提供服务的其他机构，而且直接为穷人提供救济，所有这些都由纳税人负担。

二　自由主义、保守主义和社会民主主义的福利伦理观

自由主义、保守主义和社会民主主义是现代西方三种主流社会思潮，我们可以从他们关于社会福利思想的论争来探寻其背后的福利伦理。这些论争主要集中在三个方面。第一，社会福利是否应该存在？社会福利存在的道德合理性是什么？第二，谁应该为社会福利负责？第三，社会福利应该是普惠的还是特惠的，是“授鱼”还是“授渔”，或是在授人以鱼的过程中不断实现授人以渔的目标。

（一）社会福利是否应该存在

社会福利是否应该存在？社会福利存在的道德合理性是什么？这一问题从社会福利产生时就伴随着争论，至今这一争论仍在持续。支持国家福利者认为正是国家对公民的福利责任义务使得大部分人而不是一小部分人意识到他们可以自主地选择生活方式成为可能，所以国家在增强公民自由方面发挥着举足轻重的作用。反对者则认为福利国家剥夺了公民对决定自身事务的能力和权威的需求，把那些本应个人自主表达的决定变成了家长式的统治。福利国家是“权力的滥用”，是“相互抢劫”的制度化。贫困的责任在于穷人自身，正如意大利哲学家诺伯特·巴比奥所说政治思想的全部历史过程被本质上对立的整体主义和个人主义撕裂开了。

雷蒙·普兰特指出：“基本需要必须被满足，这样才能做其他任何事情。”“需要满足之所以至关重要，是因为它的供给失败在道德上等同于伤害了某人。”[①] 这个观点明确告诫我们，负有尊重此种义务之责任的主体应该能够履行义务，因为正是一种纯粹的良心责任，而非严格的道德义务，导致了那个人的痛苦。[②] 福利国家制度最初帮助的是那些处于贫困和不利境地人群的基本

---

① 转引自［英］诺曼·巴里《福利》，储建国译，吉林人民出版社 2005 年版，第 88 页。

② 参见［英］诺曼·巴里《福利》，储建国译，吉林人民出版社 2005 年版，第 88 页。

需要，对他们提供的待遇是遵循低于正常水平的“劣等处置”原则；作为生活低于正常水平时的帮助，或者作为防止生活低于正常水平的措施。这里的需要（need）是实现道德自由的必要手段，这让它成为客观的，而非短暂的和主观的想要（want）。想要不能形成对他人严格要求的基础，而需要则能够如此。需要和想要之间的区别规定了与它们有关的目标的特性：前者与道德生活本身的追求有关，而后者则与即时的和短暂的欲望满足等同。那么自由主义、保守主义和社会民主主义的观点是什么呢？下面我们看看这几个学派的主要观点。

1. 自由主义社会福利思想的伦理主张

自由主义的社会福利思想是西方近代社会福利思想的重要流派，对社会福利保障制度实践产生着直接而深刻的影响，对社会福利是否应该存在，政府是否应该对社会福利负责的问题总的来说是持消极否定的态度的，他们认为福利国家与健康的、自由的市场经济相抵触，所以他们对国家施行福利制度是从根本上持反对意见的。他们认为国家不能干预个人生活，生活的好坏、贫富都是个人的责任，是市场自由公平竞争的结果；对于市场竞争的失败者，可以采取慈善救济、家庭互助和让其他非正式照顾体系发挥更大的作用。

（1）古典自由主义的主张

古典自由主义指的是一种伦理学、政治学和经济学思想传统，它将个人自由放在政治伦理考量的核心。亚当·斯密和大卫·李嘉图作为古典自由主义的代表，在是否应当有社会福利以及国家是否应当为社会福利负责这个问题上，基本观点是一致的。在对待贫困的救助上，他们的排序是：自助、互助、慈善与公共救助。斯密持非理性主义的观点，他认为，仁慈是自发性而非“理智”的产品，市场是“看不见的手”，自私躲在“看不见的手”之后，市场对社会具有自发的、自动调节的慈善后果，即市场具有自然协调机制，能鼓励自利动机自发地为公共物品服务。个人利益与他人利益、公共利益会在市场竞争中无意识地、自发地得到协调，每个人在追求自己利益的同时也会自然而然地促进整个社会总体利益的实现。因此，一个国家最好的经济政策就是对私人经济采取自由放任、顺其自然的态度，完全不加干预。总之，人们越关心他们自己的利益，他们就会越少依附他人。贫困是个人要努力避免而不想欣然接受的一种状态，“慈善的目的不是导致进一步的依赖，而是培养慈善受惠者照顾他自己和他家人的能力”①。他们还认为市场会有“溢流”效应，富人的消费最终会导致穷人财富的增加，自利既是私人行动的特征，也是公共行动的特征。公共产品主要是每个人努力的偶然产品：“通过追求自己的利益，他常常促进社会的利益，而且比他真正有意识地促进社会利益时更有效”②，“在人类社会的大棋盘中，每一单个的棋子都有自己的动力原则，它们加在一起就不同于立法者可能强加的原则”③。他们认为，公共物品是自利行为的偶然结果，而不是理性计划的产品。他不认为公共物品能够建构在可观察的效用尺度上，也不意味着社会有一种福利功能，它可以由一位仁慈的独裁者来履行。正如亚当·斯密在《道德情操论》中所写的：正义在大多数场合只是消极品德，只是阻止我们伤害自己的邻居。市场交易体系的确要求基本的正义规则，在正义保障中，允许使用武力，但是它们只是像“语法规则”那样运作。

亚当·斯密承认，建立在这些规则基础上的社会也许并不特别有德性，仁慈的运用会将单纯的商业社会转变成更令人高兴的社会秩序，但它会是分外道德（非必需的道德）的一部分，而不是严格义务性的。④ 因此，在社会福利责任上，亚当·斯密倾向于将劳动者作为维持家庭的责任主体。在亚当·斯密看来，国家和政府只能充当守夜人的角色，除了那些必要的干预，国家应该把自己的作用降到最低。所谓必要的干预，就是维护最基本的生活秩序和福利。比如对儿童的义务教育，他认为国家应适当干预。在他看来“对于小儿，对于极年轻的孩童，为要使他们获得这幼年时代必须取得的教育，在某种程度确有强制干涉之必要”⑤，“普通人民的儿童中，有些在学业上较为优良。国家对于这种儿童，若能给以小奖赏或小荣誉奖章，必能奖励这最基本部分教育的获得”⑥。可见，亚当·斯密虽然没有绝对否定国家发放社会福利的必要性，但他的市场第一，福利第二，自助第一，他助第二的理念，却成为后来一切自

---

① ［美］汤姆·戈·帕尔默：《福利国家之后》，熊越、李杨、董子云等译，海南出版社 2017 年版，第 161—162 页。

② ［英］亚当·斯密 ：《国民财富的性质和原因的研究》上卷，郭大力、王亚南译，商务印书馆 1974 年版，第 297 页。

③ 赵笃玲：《关于福利制度的哲学争论》，《江海学刊》2008 年第 6 期。

④ 参见［英］诺曼·巴里《福利》，储建国译，吉林人民出版社 2005 年版，第 21 页。

⑤ ［英］亚当·斯密：《国民财富的性质和原因的研究》下卷，郭大力、王亚南译，商务印书馆 1974 年版，第 341 页。

⑥ ［英］亚当·斯密：《国民财富的性质和原因的研究》下卷，郭大力、王亚南译，商务印书馆 1974 年版，第 342 页。

由主义福利观的基础。

大卫·李嘉图秉承亚当·斯密的经济自由主义思想，提倡实行自由放任的政策，认为贫困不是贫困的原因，也不认为财富的存在是贫困的原因，自愿地获取财富才是他人富裕的原因，财富并非我们所发现的，而是我们所生产的。“因此，市场经济是一种平衡的过程。在市场经济中，财富重新分配的过程无时无刻不在进行，在它之前，那些现代政客们建立的表面上相似的过程在相比之下都黯然失色，无关紧要。市场把财富给那些能掌握它的人，除此之外没有别的理由。”① 他主张国家不要对社会与经济生活施加不必要的干预，所以在社会福利上他也主张个人责任，认为摆脱贫困的责任在个人，所以他反对《济贫法》，认为由政府实施的济贫只会使富强变为贫弱。要避免贫困“只要逐渐缩小济贫法的范围，使贫民深刻认识自立的价值，并教导他们决不可指靠惯常或临时的施舍，而只可依靠自己的努力维持生活”②。他主张积极的福利而不只是消极的救济，积极的福利应是从生产入手，通过发展生产，增加就业，给人们更多工作的机会来增加人们的收入，而不是靠人们节衣缩食、减少支出的节约来增加财富。

（2）功利主义的观点

从思想渊源关系看，功利主义也属于自由主义思潮的一部分。边沁的功利主义是19世纪英国主导公共政策的官僚式福利国家的知识源泉。边沁及其追随者最先将福利观念添加到伦理学中。诺曼·巴里说：“在边沁的著述中，福利观念已经呈现出专门的聚合形式，这种形式成了现代福利观念的标记。”③ 边沁的理论是理性主义的。他认为国家有一种福利的作用，认为“市场失败是一种畸变，它只能由一位充分知情的立法采取直接的疗救行动才能加以解决；其前提假定是，无论对于所需公共物品的生产，还是对于穷困的救济，交易过程中很难有自我矫正的过程”④。既然市场不能自我矫正，只有通过政府行为“某种集体选择程序，或一个精英团体（正如在费边福利理论中那样）的选择程序”⑤。

按照边沁的功利主义原则，幸福不是单个人的幸福，而是全体社会最大

---

① ［美］汤姆·戈·帕尔默：《福利国家之后》，熊越、李杨、董子云等译，海南出版社2017年版，第158—159页。

② ［英］大卫·李嘉图：《政治经济学及赋税原理》，郭大力、王亚南译，商务印书馆1962年版，第89—90页。

③ ［英］诺曼·巴里：《福利》，储建国译，吉林人民出版社2005年版，第25页。

④ ［英］诺曼·巴里：《福利》，储建国译，吉林人民出版社2005年版，第30页。

⑤ ［英］诺曼·巴里：《福利》，储建国译，吉林人民出版社2005年版，第29页。

多数人的幸福。要实现最大多数人的幸福，每个人应该努力做好自己的事情，尤其是把自己的工作做得更好。他认为，国家、政府和法律所施加的干预必须尽可能限制在最低限度，不能妨碍个人最大限度地追求自己的幸福快乐。

穆勒也是功利主义的重要代表人物。穆勒提倡有限自由，主张政府具有有限责任，实施有限干预。所以在社会福利上，他主张政府有限救济的社会福利，社会福利主要由个人或私人承担，因为个人办比政府办更有效率①，因此他反对英国实行的“斯宾汉姆制度”。他指出，对穷人提供的帮助应该注意方式和程度，尽量不使个人过分依赖这种帮助，因此，应该实施有限救济，这种救济尤其不应损害个人自助精神和自立意识。同样，对于贫困家庭的救济也应该是有限的，这种帮助不应该使贫困的劳动者在生活资料上过分依赖，从而丧失勤奋努力、刻苦自立的精神。穆勒认为，国民的福利应该随着社会财富的增长而增长，社会财富的再分配应该有效率，这样才能实现社会公平。同时他也指出，国家不干预原则在有些情况下不适用，或不一定普遍适用。比如“自由放任这个一般原则，尤其不适用于初等教育”②，在这些领域政府可以运用自己的权力，规定父母在法律上负有使子女接受初等教育的职责。

（3）新自由主义的观点

新自由主义作为对古典自由主义的复兴，自然包含着古典自由主义的基本要素，但是，与古典自由主义对个人权利的优先性的论证不同，新自由主义对个人权利的优先性的论证是对功利主义否定人的自然权利概念的再否定，它在一个新的历史背景下再度复兴了个人权利的优先性。

哈耶克和弗里德曼是新自由主义的两个典型代表。他们主张“反集体主义”的社会政策，对由国家主导的福利政策持批评态度，他们坚持国家只能有残补式的社会福利，坚决反对福利由国家和政府来大量提供，提倡削减国家主导的收入转移支付政策，缩减福利国家提供的各种福利项目和降低各种项目的水平，同时对社会弱势群体所实施的收入保障要尽可能最小化，极力推行志愿主义，并突出市场和职业福利的作用。

对政府的作用，弗里德曼认为“它的主要作用必须是保护我们的自由以

① 参见钱宁《现代社会福利思想》，高等教育出版社2006年版，第61页。

② ［英］约翰·穆勒：《政治经济学原理》下卷，赵荣潜等译，商务印书馆1991年版，第543页。

免受到来自大门外的敌人以及来自我们同胞们的侵犯：保护法律和秩序，保证私人契约的履行，扶植竞争市场。在这些主要作用以外，政府有时可以让我们共同完成比我们各自单独去做时具有较少困难和费用的事情。然而，任何这样使用政府的方式都是充满危险的。我们不应该，也不可避免以这种方式来使用政府”①。他进而认为：“政府的必要性在于：它是‘竞赛规则’的制定者，又是解释和强制执行这些已被决定的问题范围，从而缩小政府直接参与竞赛的程度。”② 所以在社会政策上，他提出应将市场竞争机制引入教育系统，不主张政府开办公立学校，提供教育费用，认为这样不但不能提高教育质量，反而是浪费纳税人的钱财。

但弗里德曼也承认市场调节有时并不能解决所有问题，所以他也不完全拒绝政府的干预作用，但他坚持强调政府在社会福利提供中的作用很有限。他认为给穷人补助是政府应尽的责任，所以他提出了“负所得税”和教育凭单计划来解决贫困问题。弗里德曼认为，由于失业导致贫困，说到底是政府干预的结果。由于政府的职业许可证限制了对一些职业位置的自由竞争，导致了一些人不能用自己的劳动养活自己，解决的办法是：“按照你的意愿来使用你的能力——唯一的限制是你没有干预别人这样做——是你的基本权利。”“充分地保障这一权利，将会极大地减少贫困与匮乏。”③ 因此，弗里德曼坚决反对人们可以拥有无偿地获得食物、衣服、住房、医疗等“基本人权”。因为这样的权利需要有人承担提供的义务。

哈耶克也反对福利国家，反对国家通过再分配提供福利，提出要限制政府在福利上的作用，只提供“有限度”的福利保障。哈耶克认为，社会是由种种的目的或目标组成的一个体系，要实现这些目标，就必须使每个人都尽可能地在其中发挥自己的作用，用他们自己所理解的方式自由地行动。他指出个人只应当对自己的行动负责，而不应当对他人的行动承担责任，“因为在自由社会中，不存在任何由某一群体成员共同承担的‘集体责任’，所有的人都有责任意味着所有的人都没有责任”④。“千百万人的福利和幸福不能单凭

① ［美］米尔顿·弗里德曼：《资本主义与自由》，张瑞玉译，商务印书馆 1988 年版，第 36 页。

② ［美］米尔顿·弗里德曼：《资本主义与自由》，张瑞玉译，商务印书馆 1988 年版，第 16 页。

③ ［美］米尔顿·弗里德曼：《弗里德曼文萃》，北京经济学院出版社 1991 年版，第 172 页。

④ ［德］格尔哈德·帕普克编：《知识、自由与秩序——哈耶克思想论集》，黄冰源等译，中国社会科学出版社 2001 年版，第 136—137 页。

一个多寡的尺度来衡量。一个民族的福利，如同一个人的幸福，依赖于许许多多的事物，这些事物被以无数种组合形式提供出来”①，即个人幸福生活的获得依赖多种因素，但最终要靠自己负责把握。在哈耶克看来，超出一定限度的福利保障，会对个人起消极的副作用，会使个人产生依赖性，不仅会减少对个人的激励，损害个人自由，而且会扭曲市场给出的资源配置信号，损害市场竞争的效率。所以他反对福利国家，提出要限制政府在福利国家中的作用，特别是反对通过社会福利提供更多的再分配。他说“力图把整个社会保障领域都变成一种政府垄断的服务的决定，以及力图把那个为了保障目的而建立起来的机构变成一个实施收入再分配的庞大机器的决定，却不仅导致了政府所控制的经济部门的不断扩大，而且还导致了自由主义原则依旧盛行的经济领域的持续萎缩”②，只有市场决定的分配才是最公正的。

综上可见，自由主义者从个人主义价值观出发强调个人有着与生俱来的不可剥夺的权利，个人优先于社会，不应该为了社会的整体利益损害个人的某些不可剥夺的权利。个人具有理性思考的能力，能够对个人的利益和需求以及如何实现个人利益作出自己的判断和选择，所以个人应该对自己的行为负责。20 世纪 70 年代兴起的新自由主义更是强调即使损害个人的权利确实可以增进整体的利益，也不能损害那个或那些个人不可剥夺的权利。个人权利不能被集体目标或效益否定。新自由主义和古典自由主义都认为由于个人之间无论在先天的能力、后天的努力，还是个人的动机方面都是不同的，因此，在市场经济的竞争中必然导致人与人之间的不平等。这种不平等并不是阶级分化等原因造成的，如果对市场分配的结果进行人为的改变反而会损害个人的权利和自由。所以他们从根本上反对社会福利，反对福利国家。

2. 社会民主主义对社会福利的伦理主张

社会民主主义在政治上强调实行民主，提倡阶级、阶层间的合作与协调，主张国家尽可能承担起全面的社会责任，对经济与社会生活实施强有力的干

① ［英］弗里德里希·哈耶克：《通往奴役之路》，王明毅、冯兴元译，中国社会科学出版社 1997 年版，第 60 页。

② ［英］弗里德里希·哈耶克：《哈耶克论文集》，邓正来译，首都经济贸易大学出版社 2001 年版，第 31 页。

预；力求国家实施普惠的政策和措施为全体国民建立起安全可靠的社会福利。

社会民主主义的代表人物有英国的柯尔、蒂特马斯和瑞典的莫勒。蒂特马斯是英国及欧美社会政策和社会政策体系与福利理论奠基人，是社会民主主义思想的集大成者。

以柯尔为代表的费边主义反对个人主义与国家的自由放任，认为贫困是一种非个人的社会现象，主张通过人类的互动，国家适时介入社会公共生活，才能有效地消除社会的贫困和不公平。费边主义十分肯定福利的价值，认为一切好的政府就是实施福利制度的政府，认为社会和谐进步要依赖社会福利的实施，所以主张建立并实施福利制度，肯定国家和政府在社会福利上的作用，并认为国家应负担责任，使社会的不公平降到最低。①

早期的福利国家发展理论或多或少暗含了一个看法：福利国家是社会发展的功能需求，通过抵御市场和社会风险，福利的发展被期待具有平等化的道德功效。蒂特马斯指出福利具备同时实现两个目的的独特潜能。“第一，它能够再分配资源，并因此减少不平等；第二，它能够通过过程和制度实现这种再分配，而这样的过程和制度本身能够促进社会整合并鼓励伙伴关系”②，从而能够降低社会风险。

不过，有些学者提出不同看法，在这些学者看来，福利国家只是为了抵御风险的“储钱罐”，并非旨在促进社会公平。福利是一种再分配机制，却未必表示它注定带来平等。这种观点认为，从《济贫法》到福利国家，直接的受益者都是在社会中处于下层的人，而这就意味着他们所获得的社会照顾，其资源只能取自社会的中上层。福利国家从中产阶级那里拿走了太多资源，而社会服务只应该提供给那些入不敷出的人。除非必要，否则没有人有理由依靠别人的纳税生活。所以社会福利是“劫富济贫”，是不道德的，甚至国民的社会福祉已经受到财富再分配的威胁。

对于这样一种观点，蒂特马斯指出：“所有由集体提供的服务都经过审慎的设计，以满足特定的由社会认定的服务需求。这些需求首先显示了社会作为一个有机整体而生存的愿望。再者则显示了全社会为部分人的生存而伸出

---

① 参见 Victor George and Paul Wilding, *Welfare and Ideology*, New York: Harvester Wheatsheaf, 1994, p. 99。

② ［英］艾伦·肯迪：《福利视角：思潮、意识形态及政策争论》，周薇等译，上海人民出版社2011年版，第17页。

援助之手的美好期盼。因此‘需求’可以被看作是‘社会性的’和‘个人性的’。”[①] 在蒂特马斯看来，满足个人需求的机制包括社会服务、财政福利和职业福利三个方面。同时他还特别指出，不能将社会服务看作财富从一个收入群体向另一个收入群体的转移。财富转移只是一个外在的过程，而这个外在的过程之下是对社会平等的追求。但蒂特马斯也同时强调虽然更多地满足个人的需求是社会的责任，但社会不能超出自己的能力范围来无限地满足社会的需求。所以，平等是在社会所能承受的范围内的平等，而不是理念上的空泛平等。

蒂特马斯还指出，在以市场为主导的社会里，个人总是倾向于追求自己的利益而不顾他人的利益，它培养的是只对自己负责而不对他人负责的利己主义者。因此建立国家福利制度，有助于帮助人们克服利己主义，发展利他主义。当然这一观点值得商榷，笔者认为市场也不是完全利己主义的，市场讲究利益和竞争，也讲究诚信和互惠互利。

而一部分“自由放任”主义者相信市场能解决一切问题，同样个人福利也可以由个人到市场去购买。他们假设每个人都有平等地获取市场资源的机会。只要努力，每个人都能够从市场上获得其所需的资源和福利。自由主义者从个人主义价值观出发强调个人有着与生俱来的不可剥夺的权利，个人优于社会，不应该为了社会的整体利益损害个人的某些不可剥夺的权利。个人具有理性思考的能力，能够对个人的利益和需求以及如何实现个人利益作出自己的判断和选择，所以个人应该对自己的行为负责。20 世纪 70 年代兴起的新自由主义更是强调即使损害个人的权利确实可以增进整体的利益，也不能损害那个或那些个人不可剥夺的权利。个人权利不能被集体目标或效益否定。新自由主义和古典自由主义都认为由于个人之间无论在先天的能力、后天的努力，还是在个人的动机方面都是不同的，因此，在市场经济的竞争中必然导致人与人之间的不平等。这种不平等并不是阶级分化等原因造成的，如果对市场分配的结果进行人为的改变反而会损害个人的权利和自由。

由此可见，自由主义经济学家反对由市场决定的资源分配受到市场外道德原则的干预。自由主义试图构建只在限度上依附伦理学的福利理论，在自由主义看来，竞争性的市场效率特征会导致一种所有人（包括境况最差的人）

---

① ［英］艾伦·肯迪：《福利视角：思潮、意识形态及政策争论》，周薇等译，上海人民出版社 2011 年版，第 179 页。

都获益的资源再分配，即市场不会导致贫困，市场效率与慈善结合可以帮助最不利者。还有一部分自由主义政治经济学学者认为，如果没有当代福利国家，那就意味着税收会更低，而且可以预想实现道德责任的动机会强烈得多。对此，霍布豪斯指出："没有平等的自由是高贵的声音和悲惨结果的代名词。""重大的不平等将个人自由转化为某些人位于其他人之上的权利，国家有责任以集体善的名义对此加以矫正。"①

莫勒是第二次世界大战后瑞典社会民主主义社会福利思想的代表人物之一，他主张国家为全体民众提供充分有效的生活保障，国家的职责在于建立普遍性社会保障制度并为其提供财政支持。为此，莫勒提出了改革瑞典社会保障制度八项原则的主张。

当代新马克思主义理论把福利看成平衡资本积累与合法化这一对矛盾关系的工具，因此福利国家充其量是管理和剥削底层人民的社会控制手段。所以他们认为典型的福利制度是有害的，因为他们建构在既存的资本主义秩序上面，他们的繁荣会妨碍抛弃资本主义秩序的未来目标。另外一些学者（尤其是新右派主义者）也从规范上解构福利的公平化功效。在对美国"伟大社会"计划的研究中，有些学者看到，那些试图改善弱势群体的福利计划非但没能达成预期的减贫目标，反而腐蚀了社会成员的道德基础、社会义务感，并恶化了其处境，从而制造出更多的社会问题。②

（二）社会福利由谁来承担责任

"责任"是福利伦理的重要范畴之一，任何一个社会在讨论福利时都要面对"责任"认定。曾有名人说过："当茅屋不舒服时，宫殿是不会安全的。"③一个政府必须接受来自外在和内在两方面责任机制的约束，其中责任伦理便是一种内在的约束机制，是对政府责任进行控制的有效途径。

福利由谁来提供，这就涉及福利的责任问题。所谓责任，就是为自己的行为和选择负责，最佳责任显然是让自己的行为和选择产生良好的结果。责任（Responsibilities）在语言学上又有两重含义，一是指分内应做的事；二是

---

① 转引自［英］诺曼·巴里《福利》，储建国译，吉林人民出版社 2005 年版，第 46 页。

② 参见刘春荣《保护社会的政治：福利供给与中国社会契约的重建》，《复旦政治学评论》2014 年第 1 期。

③ 周弘、张浚：《福利伦理的演变："责任"概念的共性与特性》，《社会保障研究》2014 年第 1 期。

指因失职而应承担的过失。[①]《新华汉语词典》中，责任的词义为："应尽的职责"和"应该承担的过失"。[②] 在伦理学意义上，责任同义务（obligations）具有相同的含义。义务是重要的道德范畴之一，指人们意识到的、自愿承担的对社会、集体和他人的道德责任。就是为自己的行为和选择负责。责任和义务虽然在同一个意义上使用，但责任有对行为负责的意思，义务则侧重于对相应责任关系的认识、表达和要求。伦理学中的责任范畴，主要是指道德责任，即自觉自愿履行的，可以进行善恶评价的责任。《中国伦理学百科全书·伦理学原理卷》指出，责任指职责和任务。一种普遍存在的社会关系、行为要求和心理体验。它可以在个体与个体之间的关系、团体与团体之间的关系中发生，也可以在个体与团体之间的关系中发生……形成经济责任、政治责任、法律责任、道德责任等多种责任，从而产生对行为主体的客观要求和行为主体对责任的心理体验。[③]

关于福利责任，它涉及责任能力、责任范围或责任限度等。在西方有关的福利文献中我们看到，在福利的责任问题上市场与国家的两分常常被设定，马歇尔的公民身份理论具有代表性。

马歇尔提出了公民资格（citizenship，或译为公民身份）的理论范式，来论证人们获得社会福利的合法性。他区分了三类公民资格：法律公民资格、政治公民资格和福利公民资格，他认为作为公民的社会成员，获得社会的福利是他们应有的社会权利之一。公民身份的理由在于它能够将所有个人整合进一个社会，公民获得社会福利并不是政府对人民的恩典或慈善，而是社会成员在遭遇社会问题或社会灾难（比如自然灾害、失业、疾病等）时政府应尽的职责和义务，"如果自由的表达和法律平等的权利不仅仅是形式上的保障，那么就必须要有某种福利措施"[④]。随着工业化、城市化和市场经济的强化，个人生活中所要面对的风险和不确定性不断增加，而且这种风险和不确定性不再仅仅是由个人原因形成的，社会性和制度性风险已成为个人生活中面对的主要风险。政府有责任提供解决社会问题的手段和资源。公民身份理

---

① 参见现代汉语大词典编委会《现代汉语大词典》，上海辞书出版社 2009 年版，下册，第 2244 页。

② 新华汉语词典编委会：《新华汉语词典》，崇文书局 2006 年版，第 1074 页。

③ 参见罗国杰《中国伦理学百科全书·伦理学原理卷》，吉林人民出版社 1993 年版，第 342 页。

④ ［英］诺曼·巴里：《福利》，储建国译，吉林人民出版社 2005 年版，第 97 页。

论以社会成员拥有不可剥夺的权利作为政府责任的基础，以公民拥有获得社会福利权利与政府社会福利责任相对应。

对于福利的责任，有人从什么是导致个人贫困的这个角度来分析。鲍桑葵认为贫困与个人控制外的经济因素没有联系，它是无能、怠惰、道德不发展等个人内在因素的结果，国家福利只会加剧这些毛病。① 艾莱斯那、格莱译等指出，从“世界价值观调查”中能得出结论，与欧洲人相比，美国人更加坚信懒惰导致贫困：占比 60% 的美国人认为懒惰是穷人的特性，但是只有占比 27% 的欧洲人支持这一观点。这一点足以解释为何美国福利的规模比普通欧洲福利国家更小。美国人宁愿给予穷人大量资助也不赞同“福利政策”，是因为“福利政策”意味着现金资助，美国人认为这种政策让那些未婚生子并且不愿工作的身强体壮的成年人受益。公平理论（equity theory）认为，人们从某一体系中获取的资源量应当与自身的捐献量成正比。归因理论（attribution theory）学家认为，当人们决定每个人都要对他或她自身的结果负责时，他们就不太可能帮助他人。政治哲学家 G. A. 科恩（G. A. Cohen）认为，国家为公民福利承担的责任应当仅限于补偿那些公民自身无法选择的差异。因此，国家只应帮助公民克服诸如已超过他们解决能力的困难（如天生的身体残疾）。② 即国家只承担有限或“不完全”责任。

保守社群主义、左派第三条道路和福利多元主义等则坚持政府主体责任论，虽然他们也意识到了福利不仅仅是政府的责任，不能忽略市场社会和家庭都需要承担相应责任，但在谁是第一责任人这个核心问题上他们是明确的，即政府是要“挑大梁”的，政府对社会福利负有不可推卸的责任。

蒂特马斯明确指出随着工业化的到来，对个体来说，工业社会较之以前更需要一系列完善的福利制度来保障个人可能遭遇的风险，因为工业化社会所带来的社会变迁纷繁复杂，相当一部分人会遭遇由于社会变化无处不在的“突发性危机”与“社会成本”问题（如失业、重病、意外事故等），这些问题靠个人或家庭独自应对不太现实，如果国家不出手帮助，他们会陷入更加不利的境地，弱势群体会越来越多，社会不平等将加剧。所以，由国家向国

---

① 参见［英］诺曼·巴里《福利》，储建国译，吉林人民出版社 2005 年版，第 44 页。

② 参见［瑞典］博·罗斯坦《正义的制度：全民福利国家的道德和政治逻辑》，勒继东、丁浩译，中国人民大学出版社 2017 年版，第 9 页。

民提供福利是对工业社会经济与社会变迁过程的积极回应，政府不仅应该提供国家福利，而且应该提供普惠的而非选择性的社会福利。

（三）谁应享受福利——特惠与普惠之争

福利政策还有特惠与普惠之争，即普遍式的福利制度与选择式的福利制度的区别。这种区别主要包含两个维度。一方面，它涉及福利制度覆盖公民的比重，涉及政策是覆盖国家所有人口（普遍式的福利制度），还是只向部分群体提供某些津贴和服务的政策（选择式福利制度）。另一方面，它涉及福利和服务究竟如何分配，是按权利进行分配（普遍性分配）还是根据需求进行分配（选择性分配）？即社会福利特惠与普惠关涉如何确定社会福利的保护对象。社会福利保护的群体既可能是所有公民，也可能是选择性的群体。社会福利是惠及所有的社会成员（普惠）还是福利只惠及穷人，或者仅覆盖通过缴纳所得税和社会保障税（费）来对社会作出贡献的人（特惠）。产生特惠与普惠问题的关键是照顾自己及其家庭的个人责任和社会责任的局限性。这种局限性可能受国家经济水平和意识形态的影响，也可能受该国固有的伦理文化的影响。

在个人主义盛行的国家强调自己和家庭的个人责任，而平等主义国家更加强调国家的社会责任。在强调个人主义、追求个人利益、崇尚自由竞争的社会，会把社会的不平等视为人类生活的自然结果，并力求维系这种不平等结构。所以他们会认为社会福利应该只是给那些社会竞争的失败者，帮助他们摆脱困境而不是每个人都享受社会福利。反之，强调集团利益和集体价值的社会，可能试图构建使所有社会成员都平等的社会福利制度。他们认为福利申请者和福利贡献者同样应得到社会尊重，他们都应有获得各种资源和机会平等的权利，以突破本身潜能的限制。普惠福利有促进社会团结的伦理优点，这种团结克服了个人主义市场体系中的分裂性。

新自由主义代表哈耶克提出保障有两种，一种是有限度的保障，另一种是绝对的保障。有限度的保障是大家都可以获得的，是为了防止严重的物资匮乏的保障，即确保每个人维持生计的最低需要，也是在市场体系之外对市场体系的补充。绝对的保障是不可能让所有的人都得到的，是某种生活水准的保障，是一个人或集团相对于其他人或集团的地位的保障。[1] 哈耶克认为政

① 参见钱宁《现代社会福利思想》，高等教育出版社 2006 年版，第 243 页。

府只应该提供有限度的保障，而不应该提供绝对保障。因为如果政府提供这种绝对保障，就是想保护那些不想遭遇在市场竞争中不可避免的收入减少或其他痛苦的个人或集团，但竞争在今天的社会是常态，对这种保障的要求是对所谓公平报酬要求的另一种形式，这种保障或公平报酬是与个人自由选择不相容的，也是与个人努力和客观结果不一致的，它是一种实质的不公平。他认为如果对由于技术的发展、结构变化而遭受损失的人给予保障，技术发展、产业结构或职业结构的变动是经常要发生的，这就等于把有保障的特权时而给这个集团，时而给那个集团，结果一方面会导致人们相互攀比，追求更大的保障，另一方面还会造成其他人更加没有保障。所以哈耶克主张，政府提供的保障只能是有限度的保障。这种保障应该使市场竞争自然地进行，而不是限制竞争或人的自由，即更大的保障应该在市场中获得。

哈耶克承认，有许多人需要的公共产品是市场无法提供的，也承认确保每个人都能够维持最低的生活需要是必需的。但他强调社会福利的提供要尽可能利用竞争机制且在提供福利时尽可能不要扩大收入的再分配。他说：“特别需要指出的是，通过发展一种有助于真正竞争意义上的保障机制的制度，人们原本是有可能提供绝大多数社会保障服务的。而且在一个自由主义的框架中，人们甚至还可能建立起一种确保使所有人都可以享有某种最低收入的制度。但是，力图把整个社会保障领域都变成一种政府垄断的服务的决定，以及力图把那个为了社会保障目的而建立起来的机构变成一个实施收入再分配的庞大机器的决定，却不仅导致了政府所控制的经济部门的不断扩大，而且还导致了自由主义原则依旧盛行的经济领域的持续萎缩。”① 他认为，以国家干预和再分配的方式组织起来的社会经济和福利制度，将使人类丧失自由，是一条“通往奴役之路”。因为“千百万人的福利和幸福不能单凭一个多寡的尺度来衡量。一个民族的福利，如同一个人的幸福，依赖于许许多多的事物，这些事物被以无数种组合形式提供出来”②。可见，哈耶克赞成“有限福利保障”，即选择性的、补缺式的保障，反对普惠式的福利，即“绝对保障”。主张实行最低收入保障制度以帮助弱势群体应对遭受的市场影响。这是一种最

---

① ［英］弗里德里希·哈耶克：《哈耶克论文集》，邓正来译，首都经济贸易大学出版社2001年版，第199页。

② ［英］弗里德里希·哈耶克：《通往奴役之路》，王明毅、冯兴元译，中国社会科学出版社1997年版，第197页。

低水平的福利，主要确保每个社会成员，以应对生活的困境。所以，选择性福利的目的在于帮助那些经济窘迫的弱势群体，即那些在市场中无力购买基本日常生活品、保险以及所需服务的群体。帮助那些"真正需要"的人们。

费边主义则强调国家必须尽量做到极大化的福利措施，不仅要用一些选择式的福利措施，而且要用普遍式的福利制度。一般来说，普遍性福利主要由三个部分组成。首先，公共生产和普遍可得的服务如卫生保健、基础教育、关爱子女和照顾老人，以及公开监管和住房补贴。其次，与公民资格相联系的统一费率的普遍性福利，例如基本养老金和儿童津贴。最后，强制性的社会保险体系。在该体系中，利润反映劳动力市场上的收益，该体系的目的是提供一个较高水平的收入保障，诸如补贴（相关收入）退休金计划、病假工资和父母保险等。[①] 总之，国家通过实施各种积极普遍的社会福利，来保障全体国民的基本生活需求，通过全民福利来促进社会的团结和稳定发展。由此可见，普惠式福利与均等主义相关。均等主义的理念是所有人的价值或道德地位是平等的。人们应该得到相同的待遇，或受到相同的对待，或至少在某些方面受到平等对待。所以"一个自由的社会的基础是全体公民的平等价值；作为一个公民的权利，每一个人的基本需要应该被满足；对自尊和个人自主要求的权利给予最广泛可能的扩展的机会；不是全部的不平等都是不公正的，但是不公正的不平等应该被降低直至被消除"[②]。支持普遍性福利的认为选择性福利有很多弊端，它要求更多的检验和控制，必须决定谁有权得到帮助、谁无权得到帮助，这容易导致官僚主义以及违背社会完整性。选择性福利还会引起边际效应，当人们收入上升时收益却下降了，很多人会遭遇陷入贫困的风险。[③]

支持普遍性福利的也意识到，普遍性福利也面临很大的挑战，如公共财政压力、高税率，工作和社会生活出现扭曲激励结构的道德风险，导致各种各样的浪费以及福利依赖，等等。可见，是实行普遍性福利还是选择性福利，是"特惠"还是"普惠"，在实践中是有很大的变化和张力的。这里所说的

---

① 参见［瑞典］博·罗斯坦《正义的制度：全民福利国家的道德和政治逻辑》，勒继东、丁浩译，中国人民大学出版社 2017 年版，第 15 页。

② ［芬兰］保利·基杜论、［挪威］斯坦恩·库恩勒、任远主编：《重塑中国和北欧国家的福利制度》，复旦大学出版社 2014 年版，第 34 页。

③ 参见［瑞典］博·罗斯坦《正义的制度：全民福利国家的道德和政治逻辑》，勒继东、丁浩译，中国人民大学出版社 2017 年版，第 18 页。

“普遍的”和“特殊的”福利国家概念，就像韦伯的理想形态一样作为一种分析工具，根据理论所需来描述研究议题的某些特性。尽管它不属于经验观察的范畴，但“理想类型”仍是以经验观察为基础，并包含了一些非规范化的价值。在这里，所谓的“理想”并不意味着好，经验的“真实”现象可能偏离或接近抽象的理想状态，但却不能由此断定出它的好坏。在运用理论建构“理想类型”时，方法论上的关键在于，通过“检验”经验性个案，来看他们是更偏向于普遍性还是选择性福利。

综上可见，有关西方社会福利的伦理论争在思想的历史发展中和社会制度的演变中都有其根基。这些论争伴随着社会福利的发展常常是类似争论的重演，他们呈现了相同的价值、命题和无法解决的问题。贯穿着人性善与人性恶（社会福利是应该的吗）、个人责任与政府责任、集体主义与个人主义（谁应为福利买单）、普遍主义与特殊主义（谁应享受福利）以及生存与发展（提供什么样的福利）等伦理问题。其中个人主义与集体主义之争是欧美社会福利理论主要流派争论的核心。集体主义者和个人主义者在社会福利上持有截然相反的观点。支持福利者认为正是国家对公民的福利责任义务使得大部分人而不是一小部分人意识到他们可以自主地选择生活方式成为可能，所以国家在增强公民自由方面发挥着举足轻重的作用。反对者则认为福利国家剥夺了公民对决定自身事务的能力和权威的需求，把那些本应个人自主表达的决定变成了家长式的统治。正如意大利哲学家诺伯特·巴比奥所说：“政治思想的全部历史过程被本质上对立的整体主义和个人主义撕裂开来了。”① 所以，有学者说福利问题是重复发生的问题，这有一定道理。

社会福利从伦理角度看，应该是一种“公共善”，无论是从最初的慈善救济还是后来的制度化福利，对社会的发展和人类的幸福生活都有着积极的“公共善”的作用。社会福利不仅影响针对贫困者的再分配，而且增进了集体性的公众幸福。“分配”不再意味着仅仅是根据边际生产率进行按劳分配，而是需要、应得，甚或是平等本身等伦理标准进行的（至少有一些）在上述分配之外的再分配。社会福利与社会正义不可避免地联系在一起。社会福利不是取代市场而是合适地校正市场。平等和社会正义是福利社会的内在特征。

① ［瑞典］博·罗斯坦：《正义的制度：全民福利国家的道德和政治逻辑》，勒继东、丁浩译，中国人民大学出版社 2017 年版，第 31 页。

公共福利政策应该认识到这一点，即只要贫困群体试图努力改善自己的处境并且道德品行优良，那么慷慨对待贫困者应该得到大多数人的支持。长期的贫困通常是这一现象带来的恶果，即受社会尊敬的行为只能换来低回报；努力工作的低薪酬、储蓄的低利率、恶劣的教育环境等，需要设计一些福利政策，使得贫困阶层在从事这些活动时回报水平能够被提高。我们还应注意，福利政策的设立应该是为个体提供保险以防不测（如大病、伤残），而不是为了防止自身行动产生的恶果。现代社会福利一方面能够通过再分配，在一定程度上促进社会公平；另一方面通过社会福利降低人们生活的风险。“福利国家”最终的理想是通过社会政策重构社会关系，包括国家与人民的关系以及不同阶级、民族、年龄等群体的关系，实现公平与平等。也就是说，决定国家可以做什么、应该做什么，二者是同样重要的。

第三章　伦理文化视域下的社会福利模式检视

文化就是生产关于和来自我们的社会经验的意义的持续过程，并且这些意义需要为涉及到的人创造一种社会认同。

——［美］约翰·费斯克《解读大众文化》

倘若把钱用于修建城墙、船坞、港口、沟渠，以及所有那些服务于社会的工程，那么，这种支出就更正当了……公共工程的改善会使我们赢得子孙后代更加持久的感恩。

——［古罗马］西塞罗《论老年 论友谊 论责任》

21 世纪全球虽然进入信息科技快速发展的新里程，多元化知识创新与传播一日千里，但 2020 年发生的全球新冠疫情为全世界敲响了警钟。为顺应历史潮流与迎接时代挑战，我们在社会福利的发展上，必须有一定的参考典范，即社会福利的发展中，要吸取其他国家的历史经验教训，要了解国际社会福利发展的趋势与潮流方向，作为我们社会福利发展的借鉴。

党的十九大报告中明确提出了以改善民生为重点的社会建设任务。社会建设无疑要立足于中国社会现实，要坚持中国特色。如今我们已置身于一个全球化的时代，在这个时代，无论是社会建设所要应对的问题和风险，还是社会建设所可资利用的资源，乃至社会建设的成果，在一定程度上都具有全球互通性。就此而言，其他国家与社会建设密切相关的理论与经验成果，特别是在当代新的语境中所产生的那些成果，对我们的社会建设实践而言，应该具有可借鉴性，有理论和现实意义。

第一节　伦理文化对社会福利的影响和作用

“文化是共同生存的手段……它塑造我们的思想、形象和行为。”“文化对不同社会团体的生活方式有着显著的影响。”[①] 丹麦著名学者考斯塔·艾斯平-安德森在其经典著作《福利资本主义的三个世界》一书中，根据劳动力去商品化的程度，将资本主义制度下的福利国家划分为补缺型的“自由”福利国家、社会保险为主的“社团主义”福利国家、强调普遍主义原则的社会民主福利国家三种类型。这三种类型的福利国家各有其不同的政治、文化、经济结构与不同的历史发展轨迹和渊源。艾斯平-安德森没有把日本、新加坡、韩国等为代表的东亚国家归纳在三类福利模式之内，更没有考虑社会主义国家福利制度问题，因此艾斯平-安德森的三分法主要呈现的是西方社会的福利体制。

德国社会法学家汉斯·察赫从法学家的视角出发，以“内化”与“外化”解决方式侧重的不同为基础，归纳出福利社会国家制度的两种基本类型：市场经济型福利制度和国家经济型福利制度，并在此基础上进一步划分为斯堪的纳维亚福利国家制度、福利社会的市场经济和“新自由主义”模式。汉斯·察赫在其社会法文集《福利社会的欧洲设计——察赫社会法文集》中指出，国家在选择社会保障模式时，首先应该回答，自己想要选择哪一种“福利社会国家”的理念，每一种迄今为止算得上成功的模式都具有其内在的固有性。这点笔者很有共鸣。他虽然主要探讨了以德国为代表的欧洲国家、社会福利制度，但也在《传统社会团结与现代社会保障》等文中描述了发展中国家采取工业化国家社会福利模式时的特殊困难，并指出中国同时具备发展中国家特征、独特的社会团结与平等传统，经典社会主义实践和社会主义制度，使得“中国在建立社会保障制度时不能以某种西方模式为范本、而是必须探索自己的道路”[②]。这对我们中国是很有见地的看法。

东亚地区学者近年来则通过对本土如日本、韩国、新加坡、中国香港等的福利制度研究确定了第四种福利体制，即“东亚生产型福利体制”。学者们认为东亚福利体制与西方福利体制相比有几个特点。“首先，国家中心主义对东亚福利体制影响颇深，国家公职人员所享受的保障水平要高于普通公民，并且公职人员除本身所拥有的权利外，其他方面还享有一定的特殊权利。其次，东亚国家（地区）高速上升的经济水平也推动了东亚福利政策的发展，

---

① ［印］阿玛蒂亚·森等：《以人为本：全球化世界的发展伦理学》，马春文、李俊江等译，长春出版社 2012 年版，第 191—192 页。

② ［德］汉斯·察赫：《福利社会的欧洲设计——察赫社会法文集》，刘冬梅、杨一帆译，北京大学出版社 2014 年版，第 11 页。

其生产性特点尤为突出。再者，琼斯‘儒教福利国家’概念的提出，有利于东亚国家（地区）间的文化整合，推动了以家庭为福利供给主体的东亚福利体制发展进程。”① 近年来，中国社会福利事业不断发展与完善，基本构建起了一个低水平、广覆盖的社会福利体系。根据学界对福利体制类型的划分，我国具有东亚生产型福利体制的若干特点，又兼有发展中国家社会福利不充分与不平衡的特点。

笔者认为，社会福利制度的历史形成，是有一定的思想文化作为观念基础的。如果说社会因素（风险与需求等）决定着社会福利制度的有与无；经济因素（发展程度与财力等）决定着社会福利水平的高低；政治因素决定着社会福利进程的快与慢；那么文化因素尤其是传统伦理文化等则决定着社会福利模式的最终选择。因为文化“它指的是一个社会中的价值观、态度、信念取向以及人们普遍持有的见解”②。丹尼尔·埃通加－曼格尔说：“文化是制度之母”，“保守地说，真理的中心在于，对一个社会的成功起决定作用是文化，而不是政治”③。一个国家的文化传统对国人的思维方式、行为方式会产生长期深入的影响。“一个社会的文化是由人们为了以社会成员所接受的方式行事而须知和信仰的东西构成。文化不是一个物质现象。它不是由事物、人、行为和情感所构成，而是它们的组合（organization）。文化是存在于人们头脑中的事物的形式，是人们洞察、联系以及解释这些事物的方式。”④ 属于文化领域的价值观，叫作“伦理”，一个社会的伦理文化是在一个社会中占据主导的经世代延续而形成的价值、态度、信念，即整个社会生活方式。

不同国家的文化对该国社会福利的理念、发展过程、发展水平，以及社会福利的发展方向和福利内容皆会产生影响。因此，任何国家的社会福利制度背后都有着该国值得珍视的文化精华，其中的积极内涵和消极内涵，都分别作用于社会福利的历史进程，产生着有益或不利的影响。伦理文化是伴随一个国家、一个民族的历史发展而逐渐积累形成的，它会随着本国社会政治、

① 冯浚铃等：《医疗服务中道德风险问题的制度性归因与防控——以艾斯平－安德森〈福利资本主义的三个世界〉为借鉴》，《劳动保障世界》2019年第9期。

② ［美］塞缪尔·亨廷顿、劳伦斯·哈里森主编：《文化的重要作用：价值观如何影响人类进步》，新华出版社2018年版，第4页。

③ 转引自［美］塞缪尔·亨廷顿、劳伦斯·哈里森主编《文化的重要作用：价值观如何影响人类进步》，新华出版社2018年版，第27页，第3页。

④ 韦森：《文化与制序》，上海人民出版社2003年版，第15页。

经济的发展而发展，又具有文化本身相对的历史继承性和稳定性，形成自己独具特色的伦理文化传统，这些伦理文化传统会对一个国家福利制度的形成及其走向产生不可忽视的影响。如果一个国家的福利制度同该国的伦理文化冲突很大，那就不可能得到国民对此福利制度的真正认同和接受，也就不可能产生长久稳定的社会福利模式。因此，要真正了解一个国家的社会福利制度状况，必须以了解该国的历史发展和伦理文化为前提，即透过社会福利看文化，下面我们就对几个比较具有代表性的福利国家背后的伦理文化进行探讨，以观其内在联系。

第二节　伦理文化视域下的国际社会福利模式

一　瑞典——平等主义伦理文化下的社会福利

北欧国家是全欧洲贫困风险最小、预期寿命最高的地区。丹麦、芬兰、冰岛、挪威和瑞典这五个北欧国家的社会福利模式是相似的，也是高水平的，汉斯·察赫把他们统称为斯堪的纳维亚福利国家制度模式，国际社会称为北欧模式。在过去的几十年里，北欧社会福利模式得到广泛认可。一些学者甚至认为北欧模式是运用人力资本和社会资本来应对新挑战的一种可持续模式，且符合伦理原则和社会创新，该模式不仅适用于国家层面，也适用于欧洲一体化与全球治理。

北欧模式以瑞典为代表。大多数资本主义福利国家的忠实拥护者都将瑞典看作最接近福利国家理想模式的国家。在战后绝大部分时间里，瑞典成功地实现了稳健的经济增长，充分就业，是全世界生活水平最高的国家之一，同时实现了在西方世界最大的、最昂贵的，也可能是最平等的福利国家。瑞典的福利模式与它平等主义的伦理文化紧密相连。

在平等主义伦理文化中，人与人之间是平等的，没有内部的权威机构，集团成员具有较强的共同体意识和身份认同感。平等主义伦理文化强调对集团的忠诚，个人在集团中寻找自己的价值，努力维系集团内部的平等关系，反对集团内部的不平等待遇，排斥集团内部的阶层秩序。平等主义伦理文化推崇没有权威、没有强迫的生活方式，偏爱缩小宗族之间、收入水平之间、男女之间、师生之间、官民之间差异的政策。

平等主义伦理文化并不追求自我，而是更加关心照顾他人，强调协同与合作，反对造成不平等的市场机制和个人主义生活方式，所有成员集团意识强，拒绝成员间的阶层秩序，集团成员在平等的位置上直接参与集团决策并追求集团的共同目标。平等主义文化为了实现共同的善，重视共同体建设，努力减少对市场的依赖性。

瑞典社会福利制度是社会民主主义者在实现平等分配的社会主义过程中形成的。社会民主主义在瑞典根深蒂固的原因是其传统的社会伦理价值起了重要作用。瑞典的传统价值观是平等、中庸、自律和参与的公共精神，其中平等主义伦理文化意识是其重要特征。同个人主义相反，在平等主义意识普及的社会，满足个人基本需求的责任在于社会，不在于个人，也就是说在平等主义看来，生老病死、贫困失业等问题是每个人都有可能遇到的，所以这些问题产生的根本原因不是个人的懒惰、愚昧或性格上的缺陷，而是社会造成的，是社会内在的各种矛盾导致的，所以应该由国家和社会来负责解决。这种国家或社会对全体国民负责的责任意识就要求政府制定出以全体社会成员为对象的平等普惠的社会福利制度。在平等主义的伦理文化中，瑞典的社会福利制度是基于所有社会成员都属于共同体一员的集团意识确立的平等取向的社会福利制度。平等取向的经济劳动政策是典型表现之一。瑞典是世界上第一个实行惠及全民的普遍的国民年金制度的国家。瑞典还实行连带工资政策，其核心是同工同酬。连带工资政策可以缩小劳动者之间不合理的工资差距，抑制过度上升的工资，强化劳动者之间的连带意识。连带工资政策与积极的劳动力市场相互补充，实现“不是保障职业而是保障就业”的平等目标。

1847 年瑞典通过了《济贫法》，为低收入家庭提供帮助，把福利当作公民的基本人权作出法律上的承诺。当公民应该享受的社会福利不能实现或受到侵犯时，可以向地方公共保险法院或高等公共保险法院申诉。由此，瑞典社会福利是强化社会平等，以关爱、平等、合作和助人为特征的“人民之家”来形容福利社会的未来。他们在一份政策报告中提出：“一个平等的生活条件意味着获得可改变的人际关系、更好的社会环境……那些被遗留在后面的人没有充分的资源消费普通商品，无论在效率上还是从社会变迁的角度来看都是障碍……在社会民主主义观念来看，毫无疑问的是，在天赋、健康、智力或者是工作能力上的巨大差异将会导致不一样的生活机会的不同安排。”①

瑞典平等主义的社会福利是涵盖居民终身的。我们可以从以下几例一斑窥豹。

1. 普遍的家庭福利补贴。瑞典社会福利开支占 GDP 的 38.20%。公共开支水平在资本主义国家中是最高之一。瑞典是家庭友好型社会，对家庭补贴覆盖率很高，对于儿童和家庭不设置任何身份障碍，只要属于该国公民且满足年龄界限，所有儿童家庭均可享受家庭补贴。且家庭补贴标准统一，每个孩子无论年龄，不分顺序都获得标准一致的津贴。如妇女怀孕了有怀孕补给津贴，分娩有生育津贴。从 20 世纪七八十年代起，瑞典夫妇可以享受两年的“产假”，可以直到小孩 12 岁之前休完。其中有 90 天是父亲必须休的，也就是说父亲可以而且必须休至少 90 天的“产假”。在孩子年满 16 岁以前，父母均可获得生活津贴；1 个孩子的津贴标准约 1200 克朗，两个 2200 克朗，3 个 3604 克朗，直到孩子年满 16 岁。所以 2021 年，瑞典达到了 1.84% 的生育率，冠居欧洲（同期我国是 1.30%）②。

2. 全民公费医疗。在瑞典看病个人只掏 60 克朗的挂号费，其他一切费用除牙科以外，大病小病每年费用超过 1350 元人民币后都由政府买单。

3. 全民免费教育。瑞典从幼儿园、小学到大学都是免费的。瑞典大学是零门槛，不仅全民免费，国家还每个月发 1000 多克朗的助学金，所以在瑞典，年轻人都可以上大学。

4. 失业保险福利。瑞典有最低生活保障金和失业保险金。最低生活保障金是每月人民币 5000 元左右。失业保险分两部分，即基本失业保险和自愿失业保险。所有 20 岁以上的失业者，可领取每日 320 克朗的基本失业保险金。除此之外，自愿失业保险职工参加全国 36 个失业基金，如果失业，在头 200 天里，可以领取过去 12 个月平均工资的 80%，第 201 天到第 300 天（有未满 18 岁的孩子的为 450 天）期间减为 70%，超过这个期限则由工作发展保险支付。

5. 老人养老保障。瑞典有两套法定养老金安排，包括基本均一养老金和作为补充的针对较高收入者的收入关联养老金。所有的瑞典公民以及在瑞典

---

① ［英］诺尔曼·金斯伯格：《福利分化：比较社会政策批判导论》，姚俊、张丽译，浙江大学出版社 2010 年版，第 37 页。

② 参见《新浪财经》，2022 年 1 月 27 日。

长期定居的外国人都有权获得基本均一养老金。基本均一养老金根据物价每年作出调整，给予所有老人一份普遍养老金使其从根本上远离贫困。也就是说，在瑞典，居民即使没有交税和买保险，65 岁以后也可享受政府的养老政策。除了法定养老金外，大概还有一半的瑞典养老金领取者能够从职业保险养老金或是私人保险养老金那里获得收入，也叫收入关联养老金（简称 ATP）。收入关联养老金也是与物价指数挂钩的养老金，其数额是工人退休前 15 个工资最高年份平均工资的 60%，同时必须有 30 年的缴费记录。如果缴费不足 30 年，则关联养老金的支付按不足的比例进行下调。

由上可见，瑞典的福利制度是建立在政府主体责任基础上的，其伦理特征是社会福利的平等普惠性、互助综合性和可持续的竞争性。

1. 平等普惠性。瑞典政府承担起了国家在福利建设上的责任。这种责任和担当，就体现在上述普惠性的各类基本社会福利保障上。通过为全社会所有成员提供普遍的社会福利，来促进社会平等和公平。这些普惠性的社会福利，就像一张安全网，从生育、医疗、教育、就业到养老助残等各个方面给每个人兜底，是国民避免由于缺乏保障被排斥在社会体系之外而陷入生活困境，以及通过福利体制尽可能地促进社会整合的平等。因此，以瑞典为代表的北欧普惠制福利更大程度上是一种从摇篮到坟墓的普惠性保障，是一种更加重视平等的普惠性社会福利。

2. 互助综合性。瑞典社会福利的综合性，不仅在于其福利设计的综合配套、纵横交错，基本上涵盖了从摇篮到坟墓几乎各类社会事务，还在于其福利衡量标准的综合性。也就是说衡量福利好不好不再只看人民的生活水平或消费水平，而是要综合生活、教育、医疗卫生、生命安全、文化娱乐等多个方面，而这些综合福利最终会转化为推动社会发展的综合动力。正如免费的全民教育提高了整个国民的文化素质，国民高水平的文化素质又推动整个国家经济、科技的高速发展；国家通过福利二次分配缩小了贫富差距，缓和了阶级矛盾，稳定了社会秩序，从而使国民的综合幸福指数又有了进一步的提升。

3. 可持续的竞争性。完整综合的社会福利体制构成了瑞典独特的竞争优势，且这种竞争优势是良性的、可持续的，时至今日，瑞典已成为全球福利水平最好、幸福指数最高的国家之一。这种竞争优势的根源有三点。第一，福利国家体制有助于推动高福利体制下经济增长的创新性。瑞典在福利和公共事业等方面的高投入，对于促进经济的创新性发展具有极大的作用和积极的价值。比如瑞典作为诺贝尔奖的发源地，在信息、设计、环保、创意、新能源等新技术产业领域取得了瞩目的成就，仅仅一千万人的国家，就有 80 多家创新性“独角兽”公司，达到了每 10 万人 0.8 家创新性公司，而美国每 10 万人才有 0.12 家创新性公司。在一定程度上与其完善的全民和终身教育制度相联系。[①] 第二，瑞典社会福利国家体制是建立在市场经济和劳动力市场充分发展的基础上的，福利和就业紧密联系，强调对高素质劳动者的吸纳，并以促进劳动力市场更积极地发挥作用作为福利体制改革目标。比如瑞典政府为了鼓励青年人创业，不仅从政策、资金，人才等多维度去扶持创业者，还为创新企业提供一条龙服务，这使瑞典每 1000 人中有 20 人是创业者。因此，社会福利的发展和经济增长客观上构成了良好协调、良好促进的关系。第三，瑞典福利国家体制能够帮助减少失业和应对经济危机的挑战。如 2008 年的金融危机，以瑞典为代表的北欧福利国家在面临危机时，依托强大的工会体系和福利体制，失业率并没有提高，也没有出现危机下的社会贫困。相反，福利水平相对较低的南欧国家，如希腊等国却受金融危机的冲击很大，出现了一定的社会贫困和政府财政赤字违约的情况。这从客观上也证明了瑞典福利国家体制促进经济发展的竞争优势。

二 德国阶层主义伦理文化与社会福利

1. 普鲁士精神与阶层主义文化及特征

任何一个国家的民族文化、民族性格、民族精神，都与它的历史发展有着密切的关系。德国经历了漫长的封建社会，在封建社会中形成了鲜明的父权制和金字塔的等级制，它的顶端是皇帝和教皇，它的下面是侯爵、公爵、伯爵、男爵等，它的中上层是小领主和人数众多的骑士，它的下层是自由农民和半自由的或有人身依附的农奴。所以，德国是以阶层主义伦理文化为主的。另外，德意志是由无数独立邦国组成的，1871 年德国的统一实际上是德国的普鲁士化，所以 19 世纪至 20 世纪的德意志民族深深地打上了普鲁士精神的烙印。而普鲁士精神也推崇绝对服从，讲究上下有序、遵纪守法、尽职守则等，所以大多数德国人把荣誉、忠诚、服从和勇敢视为“美德”，具有很

---

① 参见《美国都比不上这个北欧小国：瑞典为什么是“独角兽”天堂?》，https://baijiahao，baidu.com/s? id = 1711123163182009569&wfr = spider&for = pc。

强的“秩序意识”“阶层意识”“臣仆精神”。在德国人的心目中，世界万物都必须有秩序，秩序统率世界。只有当每样东西都各居其位，都获得与其性质相符的地位，准则和规定都被严格遵守，世界才会和谐。所以，普鲁士德国有森严的官阶等级制度，德国军官阶层的道德规范“军人以服从为天职”成为德国民众的道德准则。①

战后，德国社会发生了天翻地覆的变化，走上了议会民主制的道路，建立了多元化社会，普鲁士精神中的盲目服从、臣仆意识等阶层主义伦理文化已不占统治地位，但长期历史沿袭下来的文化沉淀，不是一朝一夕能消失殆尽的，它们或多或少地在德国人的性格和福利制度中体现出来。

所谓阶层主义文化指集团意识强，集团内部成员比起个人利益，强调集团利益和集团的繁荣，在已有的阶层秩序中彼此尊重并诚实地履行自己的职责，集团成员比起个人的选择和自由，更加注重集团的和谐，满足于自己所处的地位和所起的作用，很自然地接受彼此的不平等地位，欣然接受各种不同的待遇，对阶层秩序作出肯定的评价。

在阶层主义文化看来，人性本恶，人是带着罪恶来到这个世界的，但人性又可塑，依靠制度可拯救。阶层主义把权威制度化，明确划分公私的界限，认同那种各种制度约束的生活方式。这种文化处于个人主义文化和平等主义文化之间，所以在扩大国家职能的立场上与个人主义相冲突，在依据条件限制参与的立场上与平等主义相矛盾。阶层主义文化与重视集团成员的参与和认同的共同体或重视个人选择的市场相比，更加拥护通过国家来实现共同的善，能够树立社会问题由社会负责的理念，进而形成以全民为对象的具有预防性功能的社会福利保障制度。

德国作为阶层主义文化所支配的社会，社会约束多而强，集团归属感、依附感也强，社会成员集团意识高，成员为集团或社会作出贡献的同时，期待着集团或国家给予相应的补偿，而集团或国家为了保障社会安全，从补偿的层面上为其成员提供丰厚的社会福利，因而德国发展的是国家主导的具有限制性和控制性特征的社会福利保障制度。阶层主义文化中的社会福利制度具有父权制性质，即上下级关系分明，把享受不同待遇视为应然之事。在这样的文化中，有可能发展出维持阶层间的不平等关系的、具有社会控制特点

① 参见姚宝、过文英《当代德国社会与文化》，上海外语教育出版社2002年版，第282页。

的社会福利保障制度。比如老人、疾病患者、失业者虽然不受作为商品而提供劳动力的强制要求，但是受与职位相关的社会保险属性的影响，其保险福利待遇依然有很大的差异。一般来说，白领工人的保险给付大约是其收入的60%，而蓝领工人不超过其收入的40%。[①] 可见德国的福利消费者根据职业、性别和种族分层化和分化，社会保障制度建立在精算和缴费原则的基础上。德国的医疗保障制度整体来说只是名义上具有公共性质。一半医院和大多数医生在私人领域，大部分是营利性质的。德国这种福利取向是传统的阶层主义文化起作用的结果。

2. "养小不养老"的传统与老年福利

德国的老龄化位列欧洲第一，在8000多万人口中，65岁以上的老人高达20%以上，养老压力很大，且德国没有养儿防老的观念，却有"养小不养老"的传统，父母对孩子的抚养有法律和道义的约束，但子女对老人没有赡养的义务和法律约束，他们认为靠子女养老是典型的推卸政府的责任，政府收入比起个人来说稳定得多，老人退休后就得靠养老金和保险自己养老。好在德国人均收入高，物价低，社会体系相对完善，除基本养老保障，还有许多针对老人的援助计划，比如医疗照顾计划、住房基金等。但各种援助计划并没有覆盖所有老人。据统计德国有上万家养老机构，包括养老院、老年公寓、临终关怀医院等。其中10%为公立养老院，36%为私人养老院，54%为慈善组织所办。[②] 养老院会为老人提供三餐，并按照缴费等级进行不同的护理。

德国的养老院大部分交给市场，各类型养老机构都要实行公司化登记、公司化运营。这种彻底的市场化操作，不但使得市场在竞争状态下更为规范透明，也催生了许多高端养老机构，每月要四五千欧元以上的费用，能够住进去的老人，要有雄厚的财力。当然大多数人还是住一般的养老院，教会等慈善机构所办的养老院会更便宜一些，但也需要2000多欧元。无论哪种养老机构，政府均提供相应的补贴，而且补贴按床位发放，每个床位16000欧元。所以，德国的养老院也有不同的层次标准。可见，阶层主义文化在养老福利中体现明显，即依靠政府有认同差别的存在。

---

① 参见［韩］朴炳铉《社会福利与文化——用文化解析社会福利的发展》，高春兰、金炳彻译，商务印书馆2012年版，第165页。

② 参见叶克非《德国的细节》，江苏凤凰文艺出版社2019年版。

除了阶层主义文化为主外，德国还是深受基督教民主主义的影响、以职业领域和家庭为基轴的国家。在这种文化背景下，福利体制在稳定男性劳动者收入的基础上，再通过家庭主义将该收入普及家庭成员身上，其社会福利体系依赖传统的补缺性原则。补缺性原则即对妇女、儿童、老人、残疾人、失业者等弱势群体有特殊照顾福利。家庭政策强调家庭的首要性，并且将女性的无偿照顾工作当作私人福利。所以，德国的社会福利特征是社会福利待遇不来自市民权利，而来自雇佣经历，而这种经历与阶层主义有着密切的联系。因此，德国的社会福利是依据阶层而得以分化的，社会福利制度的收入再分配功能相对弱化，福利待遇根据雇佣经历而有差别。

三　受中国儒家伦理文化影响的韩国社会福利

韩国深受中国儒家伦理文化的影响。可以说儒家伦理文化作为韩国社会的主流文化对韩国的政治、经济、社会等领域产生了重大的影响。韩国学者朴炳铉认为“韩国儒家文化的核心可概括为家庭中心主义、‘孝’思想和共同体意识”①。

中国儒家文化强调家庭的责任，所以深受儒家文化浸润的韩国，自然视家庭这个血缘共同体为自己的家庭成员承担义务和责任的主体，人们没有对国家、社会福利期许的愿望和观念，传统文化习惯形成的是以家庭为中心的社会福利体系。

家庭中心主义、“孝”思想和共同体意识广泛地体现在韩国社会福利保障制度中。首先，韩国《社会保障基本法》第六条规定“国家和地方政府应该为促进家庭的健康发展，提高家庭功能而努力”；“国家和地方政府在实施社会保障制度的过程中，应该促进家庭和社区的自发性福利活动”。韩国代表性公共救济项目的国民基础生活保障制度中规定：“如发现抚养义务者有抚养能力的事实而收回已发放的救济费用时，可以向抚养义务者索要，即可以向家庭成员追偿。”这种规定就强调了家庭抚养义务者的责任，也是家庭中心主义的表现形式，同时也说明若家庭内部有抚养能力的抚养义务者时，国家不予承担社会抚养义务，这也是对家庭成员承担抚养义务的家庭主义的表现。

---

① ［韩］朴炳铉：《社会福利与文化——用文化解析社会福利的发展》，高春兰、金炳彻译，商务印书馆 2012 年版，第 246 页。

其次，韩国的国民年金制度中也强调“孝”思想的内容。如韩国《国民年金法》第四十八条规定：“赡养 60 岁以上的父母或二级以上残疾父母的，在支付年金时每年可追加 10 万韩元的附加年金”，这是承认赡养父母价值的体现。因为韩国国民年金在理论上只是支付给那些参与保险的人，但对其家庭成员给予关心和照顾，这是把家庭成员看作统一的家庭中心主义的具体体现。再如韩国《失业保险法》规定，为了照顾父母而辞职的人在其再就业时，用人单位可以根据《高龄者雇佣促进法》而获得奖金；本人或配偶的直系亲属因疾病或负伤而不能就业时，可延长失业金领取时间。赡养 65 岁以上父母的也被视作难就业状态，可延长失业金领取时间，这也体现了对父母尽孝道的思想。此外，韩国的《国民基础生活法》《国民健康保险法》《医疗保险法》等都把家庭作为给付单位，在待遇给付和缴费义务方面，家庭成员间都有连带责任。在《工伤保险法》中规定了企业为因公受伤者子女提供助学金，这些都反映了韩国家庭中心主义、孝敬老人的儒家思想。所以特别在对待老人的赡养上，目前韩国政府只是制定有限的老年公共福利政策，而让家庭承担更多赡养老人的责任，因而韩国家庭仍然是赡养老人的主体。

总之，与西方国家不同，韩国的社会福利制度深受儒家文化的影响。在社会发展中形成并开发出了适合韩国文化传统的社会福利模式。

综上可见，正如福利国家模式的多样性，福利国家的改革也会产生新的体质变异。在这种宏观变化中，因为每个国家的历史演进、文化传统、政治制度、发展战略不同，政治、经济、文化等各种因素都以不同的方式整合，造就了今天多样但适合各自国情的社会福利模式，且这种福利模式还在随着社会的发展不断地调整、变化。（如随着人们寿命的延长，各国都在调整退休的年龄，这次席卷全球的新冠疫情后，各国又在思考后疫情时代人们的医疗健康保障问题）西方的一些国家已经超越了福利国家的规制，开启了后福利时代国家新的福利模式探索，在这个过程中，伦理文化的影响仍然在继续且不容忽视。

第三节　中国传统伦理文化对社会福利的影响

中国传统伦理文化对我们今天的社会福利制度会有什么样的影响呢？我们下面主要探讨这个问题。

首先，中国传统的“德”在许多地方，尤其是在“德政”上就体现为社会福利意识和社会福利实践的历史轨迹。“以德治国”的德就与福利制度有着紧密联系。孔子在《论语·为政》中说：“为政以德，譬如北辰。”实际上，中国传统政治思想文化中“以德治国”有着多重的含义。第一层含义，是指执政者应当重视自身“德”的修养，行为操守应当以“德”为准则，如此才能够具备治国的资格，才能够取得治国的成功。第二层含义，是指执政者应当推行德政、善政，行政以“德”为本，坚持宽仁原则，如此方能实现天下大治。第三层含义，是指执政者应当对被统治者的言行以“德”为中心进行严格规范。可见，“以德治国”的第二层含义与福利联系紧密。“德”在这里，意味着一种“人文关怀”的文化存在。《礼记·檀弓上》写道：“君子之爱人也以德。”《左转·隐公四年》所谓“以德和民”，《韩非子·解老》说，“有道之君”，“内有德泽于人民”。《尹文子》所谓“尧德化布于四海，仁惠被于苍生”都体现了执政者对民生要“关怀”的原则。

其次，中国福利文化的哲理是以“均”“亲”为前提的。均是财富分配要合理化，缩小贫富差距，经济要与全民福利互补，正德、利用、厚生正此之谓。如孔子就提出国家“不患寡而患不均”的思想。他说：“丘也闻有国有家者，不患寡而患不均，不患贫而患不安。盖均无贫，和无寡，安无倾。”（《论语·卫灵公》）虽然这种思想带有明显的等级社会色彩，但他希望政府通过“耕也，馁在其中矣，学也，禄在其中矣”（《论语·卫灵公》）的分配，来达到“均无贫”（《论语·卫灵公》）的社会状态也是很明显的。孟子也说：“明君制民之产，必使仰足以事父母，俯足以畜妻子。乐岁终身饱，凶年免于死亡。”（《孟子·梁惠王上》）战国时期商鞅变法的经济政策中就主张政府干预分配，商鞅信奉“治国之举，贵令贫者富富者贫，贫者富富者贫，国强”（《商君书·说民》）。他提出并实施了由国家决定社会成员收入分配的一系列措施。如“贫者使以刑则富，富者使以赏则贫”（《商君书·去强》）。先秦时期法家的集大成者韩非将税收作为国民收入再分配的工具来看待，建议实行“论其赋税以均贫富”（《韩非子·六反》）的财政政策，采取“勿轻勿重”的税收标准，这应该被看成那个时代有深度的创见。荀况也提出政府可以通过“断长续短，损有余，益不足”（《荀子·礼论》）来实行“重新分配”。“使没有财产的人，如被奴役者，也能使之取得产业中的温饱，能‘养欲’‘给求’。”[①] 北宋的范仲淹在财富方面提出了“损上益下”“裒多益寡”的再分配原则，对社会成员之间的利益分配，他也主张损有余补不足，要求“君子法而为政，敦称物平施之心；圣人象以养民，行裒多益寡之道”（《范文正别集》卷三《天道益谦赋》）。

亲是不歧视，“推己及人”“老吾老以及人之老”“幼吾幼以及人之幼”甚至“先人后己”。《尚书·洪范》篇就有了寿、富、康宁、修好德、老终命的追寻；凶、疾、忧、贫、恶、弱六极的排除。福利的措施早在周代就有“慈幼、养老、振穷、恤贫、宽疾、安富”六政来养万民。“慈幼”就是对婴幼儿和儿童予以照顾，“养老”就是给予老年人特殊照顾以及赡养无依无靠的老人，“振穷”也就是救助鳏寡孤独，“宽疾”则指宽免残疾人的师役。政府养育鳏寡孤独的经费规定有固定的来源，如《地官·遗人》：“掌邦之委积以待施惠，乡里之委积以恤民艰厄，门关之委积以养老孤，县都之委积以待凶荒。”《地官·司门》：“凡财物犯禁者举之，以其财养死政之老与其孤。”“安富”就是保护富人应有的生存条件，体现了社会福利的普遍性和无差别性。《周礼》还规定有医疗卫生方面的福利举措等。[②] 孔子理想中的制度安排也包括了社会救助的内容，即所谓“老者安之，朋友信之，少者怀之”（《论语·公冶长》）。他提出的大同理想还把社会保障机制的建立和高度发展的社会文明进程联系在一起，指出：“大道之行也，天下为公，选贤与能，讲信修睦。故人不独亲其亲，不独子其子，使老有所终，壮有所用，幼有所长，鳏寡孤独废疾者皆有所养。男有分、女有归。货恶其弃于地也，不必藏于己。力恶其不出于身也，不必为己。是故谋闭而不兴，盗窃乱贼而不作。故外户而不闭，是谓大同。”（《礼记·礼运》）

孟轲继承了孔子的大同思想，在他的仁政理论中强调老人儿童这些弱势群体应该得到基本的生活保障，做到“七十者衣帛食肉”“颁白者不负载道路”外，还特别提出对鳏寡孤独等弱势群体要给予优先关顾与救助，指出：“老而无妻曰鳏，老而无夫曰寡，老而无子曰独，幼而无父曰孤。此四者天下

---

① 杨荣国：《中国经济思想史》，人民出版社 1954 年版，第 370 页。

② 参见李昌宝、叶世昌《略论先秦时期的社会保障思想——中国古代社会保障思想的初步形成》，《财经问题研究》2011 年第 2 期。

之穷民而无告者，文王发政施仁，必先斯四者。”（《孟子·梁惠王下》）做到“乡田同井，出入相友，守望相助，疾病相扶持”（《孟子·滕文公上》）。管子则提出了比较丰富的社会救济与社会福利思想，如“九惠之教：一曰老老，二曰慈幼，三曰恤孤，四曰养疾，五曰合独，六曰问病，七曰通穷，八曰振困，九曰接绝”（《管子·入国》）。所以齐国能在当时各国中脱颖而出，成为春秋首霸，与管仲施行“致民”“安邦”的社会保障措施有着密切关系。

由上可见，以儒家伦理思想为代表的中国的传统文化是有着丰富福利因子的，虽然中国历史上没有出现现代西方系统的福利制度，但也有一系列适应各个朝代的社会慈善救济措施、福利政策和社会实践，为我们今天的社会福利建设提供一定的参考和支持。

著名学者亨廷顿指出：“文明社会并不是因为它是家之上、国之外的一个自立的舞台而茂盛。它的内在力量在于它是在家和国之间起着有活力的相互作用。家作为国的缩影，国则被认为是家的扩大，这表明家的稳定对于国至关重要，国的一个极重要功能则是确保家的有机团结。文明社会提供着多种多样起台阶作用的文化机制，使家与国之间保持富有成效的连接。公与私之间有活力的相互作用使文明社会得以提供各种不同的丰富的资源以促进人类繁荣。”① 现代社会福利可以有多种不同的模式。在社会福利的建设中，我们无须争执东方、西方孰优，古代、现代孰宜。在吸取其他国家先进经验的基础上，建设新时代有中国文化特色的社会福利制度是我们的目标和任务。即在向其他国家学习借鉴的同时充分实现现代化，因此可以设想，中国可以实现有中国特色的社会主义福利现代化。

① ［美］塞缪尔·亨廷顿、劳伦斯·哈里森主编：《文化的重要作用：价值观如何影响人类进步》，新华出版社2018年版，第461页。

第四章　新中国社会福利发展进程的伦理考量

人的每一种需要都令其确信，身外之世界与个人的意义……那是真正使人充实的东西。

——《马克思恩格斯文集》第 1 卷

坚持在发展中保障和改善民生。增进民生福祉是发展的根本目的。必须多谋民生之利、多解民生之忧，在发展中补齐民生短板、促进社会公平正义，在幼有所育、学有所教、劳有所得、病有所医、老有所养、住有所居、弱有所扶上不断取得新进展。

——《十九大报告》

作为一个把人民对美好生活的向往作为奋斗目标，满足人民生老病死等基本需求的社会主义国家，中国社会福利事业的发展是曲折复杂的，既有着一定的历史经验，又有着深刻的历史教训。本章以新中国福利制度变迁为切入点，以中国社会福利发展为主线，依据中国政治和经济特质的变化，从社会伦理的视角，将中国社会福利的发展进程大致分为三个阶段。根据每个阶段社会福利的历史性特色，来探讨中国社会福利发展的伦理特质。

第一节　户籍身份化低水平的社会主义计划经济福利（1949—1978 年）

从 1949 年中华人民共和国成立到 1978 年党的十一届三中全会召开，可以看成我国社会福利发展的第一阶段。这一阶段社会福利的伦理特质是身份化低水平的社会主义计划经济福利。

这一阶段，我国的社会福利是在计划经济体制背景下展开的，同时也深受当时的苏联、东欧等社会主义国家的影响。集体主义和集体经济是这一时期社会福利的政治价值导向和经济基础。集体经济条件下的社会福利遵循的是平均主义的分配制度。这一时期福利的突出特征是在低水平的福利前提下，均等与不平等共存，体制内和体制外、农村与城市福利的不平衡且明显差别对待。

在城市中，社会福利是基于国家责任，由工作单位管理的“单位小社会”福利。即福利是基于国家退养规定和财政支持，工作单位具体实施，包括卫生保健、医疗服务、退休养老金、工伤、住房、殡葬，甚至包括供暖补贴和交通补贴以及其他的福利制度。“简言之，计划经济时期中国政府建立的社会主义和工作单位——民政为基础的社会福利制度模式。”① 比如1951年制定的《中华人民共和国劳动保险条例》指出：“劳动保险的各项费用应由企业行政或资方缴纳，不得向工人与职员另行征收。”1957年《国务院关于职工生活方面若干问题的指示》明确企业单位应逐步为职工解决住房、公共交通、医药费、食品供应和困难补助费等生活福利。

在单位福利中，工作单位既是国家福利运作的前提，又是影响国家福利制度的最重要的变量；工作单位在性质类型、行政级别、拥有资源、组织规模等方面的差别决定了员工的福利待遇与生活际遇。② 比如当时在国家事业单位工作的职工就比一般职工享有较多较高的福利待遇，大型国有企业的职工及其家属就比一般集体企业的职工享有更多福利。1957年《关于国家机关工作人员福利费掌管使用的暂行规定》和1965年《内务部关于国家机关和事业单位工作人员福利费掌管使用问题的通知》都明确规定了国家机关和事业单位工作人员福利费用不仅能解决机关工作人员自身，而且还能解决他们家属的医药费，托儿所、幼儿园、基础教育费用以及死亡安葬费等。所以从社会伦理视角来看，虽然由政府制定了统一的福利政策，但却由每个企业或单位来自行组织实施，各单位级别、条件不一样（例如当时的军工企业就有优势），这就使福利分配具有身份差异性、权利义务单向性、相对平均性、内容全面性和待遇低水平性等基本特点，身份地位的差异和不平衡表现突出。这种福利制度虽然水平低，但在国家财政较为困窘的情况下，解决了城市体制内人员的后顾之忧，提高了它们投入社会主义建设的积极性。“但国家面向机

---

① 刘继同：《中国现代社会福利发展阶段与制度体系研究》，《社会工作》2017年第5期。

② 参见刘继同《解析中国的社会福利政策模式》，《当代中国研究》2005年第1期。

关工作人员承担相对较高的福利责任，也拉大了各阶层福利水平的差距，开创了福利特殊主义的先河。”① “据统计，至 1985 年，中国仅国有企业在职职工的集体福利实施费、集体福利事业补助费、洗理卫生费、生活困难补助、文体宣传费、上下班交通补贴、计划生育补贴及其他福利费用开支就达到近百亿元。如果加上当年退休职工继续享受的各种福利待遇，机关、事业单位工作人员的职业福利待遇，城镇职工福利支出的总额将占到国民生产总值的 1.5% 左右。”②

在农村则有很大不同。在集体计划经济体制下，农民主要依靠自我劳动保护和互助性质的集体福利制度，且大多是针对特殊人员的福利制度。农村基层组织从初级合作社、高级合作社到人民公社的发展，福利只能顾及极少数特殊极困难群体。比如 1956 年的《高级农业生产合作社示范章程》就规定：高级社应优待军属烈和残废军人社员，负责医治因公负伤或者因公致病的社员，抚恤死亡社员，对于缺乏劳动力或者完全丧失劳动力，生活没有依靠的老、弱、孤、寡、残社员，应在生产上和生活上给以适当的安排和照顾。可见这只是对农村一些特殊人员的集体福利制度。“从严格意义上来讲，在 2003 年新型农村合作医疗制度建立之前，中国农村没有正式的社会福利保障制度，仅有的‘五保户’制度以及传统合作医疗制度，基本上是集体经济支持的，少有社会保障的成分。”③ 国家的政策是基于土地保障，实施社会救助（包括自然灾害和贫困救助）政策、基本义务教育制度、五保户制度（即给予孤寡老人和体弱的老人吃、穿、医疗保健、住房和丧葬费用的保障）、合作医疗制度和集体经济体制下的集体支持。对于一般广大农民来说，还谈不上社会保障和福利。不过值得注意的是，这一时期的五保户制度、农村合作医疗保障制度是在我国农村地区产生的具有中国特色的原创性的创新性医疗保障制度。这一农村合作医疗制度以当时的农村集体经济为依托，在全球医疗成本不断上涨的背景下，通过自己培养的大量的非正式的医疗人员，在短期内几乎是用最低的成本消灭了很多流行疾病（如 20 世纪 50 年代比较严重的血吸虫病），极大地改善了农民的身体健康状况，人均寿命也相应延长，在世界范围内备受推崇，被世界卫生组织誉为“低收入

① 彭华民主编：《东亚福利：福利责任与福利提供》，中国社会科学出版社 2014 年版，第 71 页。
② 郑功成：《论中国特色的社会保障道路》，武汉大学出版社 1997 年版，第 286 页。
③ 李珍主编：《社会保障理论》，中国劳动社会保障出版社 2013 年版，第 39 页。

发展中国家举世无双的成就”①。所以中国台湾学者陈美霞认为：中国的卫生体制没有沿袭西方的传统模式，而是自我发展出一套与中华人民共和国成立初期经济社会发展条件相适应的创造性的体制，其所取得的伟大成就举世瞩目，1978 年召开的著名的阿马阿塔（Alma Ata）会议上，世界卫生组织将中国的合作医疗制度作为基层卫生推动计划的典范在世界范围内推广。中国独树一帜的医疗卫生体系对其他国家的医疗改革产生了深远影响，各国都开始从本国实际情况出发思考怎样的医疗卫生制度更恰当，而不再盲目效仿他国的做法。②

计划经济时期严格的户籍制度福利是由重工业优先发展的赶超战略决定的。中华人民共和国成立后，无论国内还是国际上的共识是只有优先发展重工业才能整体提升国家的工业实力。重工业的特点以及中国工业经济基础极其薄弱的现实决定了需要这样的制度：一方面，降低工业化成本，降低城市工人的工资和城市供养人口；另一方面，提取农业等其他领域的剩余支持并优先投到重工业领域。总之，以计划经济主导的这一时期物质基础相对薄弱，各种票据制度、粮油供给制度加上无所不包的单位福利和集体福利，共同维系着一个平均但不平等的，身份化、低标准、低水平的国家福利。这也是与当时中国生产力水平低下，政府财政收入不足的国情相一致的。“但也开启了城乡分立，阶层差异的不良传统。”③

综上可见，这一时期，中国计划经济体制下城市中体制内已形成了一种水平虽低，但覆盖面广的社会福利制度，而体制外的市民和广大农民几乎没有福利可言。④ 在城市内部体制内福利基本是均等的，农村中没有福利享受也是基本均等的，但城市中单位内与单位外、城市与农村，由于体制和二元户籍制度，福利是不平等的，是多与少、有与无的差别。这是一种传统型集体福利，与经济发展并没有形成良性互动有关系，但它发挥了潜在的普惠型福利模式的功能，具有历史性的中国国情特色。

---

① 世界银行主编：《1993 年世界发展报告：投资于健康》，中国财政经济出版社 1993 年版，第 210 页。

② 参见李珍主编《社会保障理论》，中国劳动社会保障出版社 2013 年版，第 40 页。

③ 彭华民主编：《东亚福利：福利责任与福利提供》，中国社会科学出版社 2014 年版，第 72 页。

④ 参见王一《公民权利视角下的社会保障制度去身份化问题研究》，博士学位论文，吉林大学，2015 年。

第二节　转型中注重经济效率的生产主义福利（1978—2003 年）

从 1978 年党的十一届三中全会到 2003 年这一时期，中国处在社会转型、市场经济转轨过程中。这一时期的福利是“高增长，低福利”模式，经历了从国家保险福利、单位福利和集体福利到“去福利化”改革的过程，这个过程沿袭了新自由主义主导的市场化改革路径。尽管国家在这一时期也关注民生，但由于实行以经济发展为主要驱动，强调以市场为导向的灵活性、竞争性和控制成本的社会政策，社会福利是生产主义福利。所谓生产主义福利，即社会政策附属于以经济发展为目标的政策之下，极小化非商品化社会权利的扩展，并且以联结生产性活动为主，强化社会生产性要素为主，社会福利政策是为经济增长、促进经济发展服务的，也就是一切以经济发展为中心，先做大蛋糕。所以政府福利支出较低，国家保障支出少，但对保障的干预多，把社会福利保障政策看作经济增长管理的一部分。

社会政策服务于经济发展的生产主义，人们的住房、医疗、教育方面“去国家化”，转向市场化、商品化、产业化。比如在医疗方面，国家逐渐退出而人们自己支付健康服务费用的比率不断增加。由于合作医疗方案的解体，农村地区经历了健康不断恶化的过程。农村集体资金几乎完全消失，“在 80 年代有 9 亿农村居民无法享受到医疗保险”①。这就降低了人们对于社会安全以及国家对公民的福利责任的作用。这一时期，不管就服务对象还是服务领域而言，社会保障和福利体制都出现了大量的空白和薄弱点，传统社会主义时期的福利供给的社会基础设施趋于解体，但又没有形成替代性的体制和机制。福利的短缺给社会政治发展造成严重的不确定性，体现出转型体制的一种典型福利保障困境；为了经济增长和保护经济竞争性而无力顾及社会福利，却在一定程度上了损害了政治上的合法性和社会稳定。②

这一时期还加剧了“福利身份”的固化。以前因职业身份不同而有所区别的社会福利进一步加大，且这种福利差距还有外溢效应，这种外溢效应又

① ［芬兰］保利・基杜论、［挪威］斯坦恩・库恩勒、任远主编：《重塑中国和北欧国家的福利制度》，复旦大学出版社 2014 年版，第 8 页。

② 参见刘春荣《保护社会的政治：福利供给与中国社会契约的重建》，《复旦政治学评论》2014 年第 1 期。

扩大了社会阶层的差距，产生“马太效应”，即强者更强，弱者更弱。在社会中处于优势的群体，其社会福利也相对完善，在社会中处于劣势或底层的群体，却没有什么社会保障或福利支持。社会福利保障制度没有起到应有的调节和修正社会差距的作用，反而起到了“逆向”作用。

第三节　社会福利保障建立却碎片化时期（2003 年至今）

经过 40 多年的改革发展，特别是在 21 世纪近 20 年的时间里，我国社会福利体系（“民生保障体系”）取得了显著进步。福利项目基本齐全，且基本实现全覆盖。2016 年全国低保人数依然达到 6066.7 万，如果加上农村特困人员，我国城乡低保制度总受益人数达到 6563.6 万人，超过意大利、英国、法国的人口数，成为世界上覆盖人数最多的“最后安全网”。[①] 目前我国已建成了以养老保险、医疗保险、失业保险、工伤保险和生育保险等为主要内容、覆盖人数超过 13 亿人、主要险种基本实现应保尽保的世界上规模最大的社会保障网。2016 年全国基本医保覆盖人数突破 13 亿，成为世界上规模最大的全民基本医保制度。但是，在可观的福利规模背后，在“皆有”的同时，是低水平的“有”，福利体系结构仍需优化。因为从我国社会福利体系及其结构来看，福利项目以补缺性福利和生存性福利为主，预防性和发展性福利较少。[②]

这一时期中国开启了福利制度结构转型。福利理念开始从生产主义理念逐步向注重社会公平正义理念转向，社会福利建设的目标也逐步从为市场经济改革配套过渡到为社会建设发展服务。但这一时期社会福利政策的不系统，呈现的消极应急性、过渡性和碎片化特征，影响了福利制度发展的公平性和可持续性，也影响了福利制度的全面系统发展。

自 20 世纪 80 年代以来，中国的经济有了飞速的增长，同时也通过了一系列法律来满足贫困人群、老人、残疾人以及儿童的需求，然而中国的福利体制仍旧未能覆盖整个社会。据统计，从 2007 年到 2013 年，我国财政用于社会福利支出（社保、就业、教育、医疗卫生等方面）从 14559 亿元增加到

---

① 参见《全国城乡低保对象 6066.7 万人 低保标准均增长》，http://news.cctv.com/2017/08/05/ARTImg4LPp5X66SphZD99Pkv170805.shtml。

② 参见刘敏《社会福利发展诊断及其政策改进》，《管理观察》2018 年第 18 期。

44503 亿元，增幅达 205.67%，年均增幅达 29.38%。但由于存在碎片化和逆向调节等问题，使福利资源分配不均，不公现象仍然明显，体制内外不同群体、不同地区以及城乡之间获得或享受到的福利资源仍然差距较大。据测算，城乡之间社会保障财政支出相差悬殊，城市人均社会保障费用支出是农村的 90 多倍，60% 的农民仅占有不足 30% 的国家公共福利资源。①

20 世纪 90 年代初，国家提出的社会保障事业发展方针是“广覆盖、低水平、多层次”。21 世纪初，这一方针的表述变更为“广覆盖、保基本、多层次、可持续”，由“低水平”到“保基本”“可持续”，表明政府在福利政策调节上已开始发力。2012 年，党的十八大则将这一表述又修改为“全覆盖、保基本、多层次、可持续”。从“广覆盖”到“全覆盖”，虽然仅一字之差，却意义重大！这意味着社会保障被确立为全体国民的一项基本权益，具有了普惠性。2012 年，《国家基本公共服务体系“十二五”规划》出台，这一规划将社会保障各项目全部纳入基本公共服务范畴。20 世纪 90 年代后期，国家逐步厘清了社会主义市场经济的发展思路，并提出要建立多层次的社会保障体系，明确政府组织实施的社会保障项目承担“保基本”的职责，并按照“保障适度”的原则设计社会保障各项目的具体制度。②

综上可见，从 1949 年到 2019 年，整整 70 年，中国在为人民谋福利方面取得了可喜的成绩。改革开放初期，我们只有少数（20%左右）就业人口享有低水平的社会保障。现在基本做到了全覆盖：以最低生活保障、基本养老、基本医疗三大制度为主，覆盖全民的多层次社会保障体系已经基本建成，同时结束了中国历史上农民没有社会保障的历史。人民健康和医疗卫生水平大幅度提高，人均预期寿命从 1949 年的 35 岁增长到 2019 年的 77.3 岁；孕产妇死亡率从 1500/10 万下降到 18.3/10 万，主要健康指标优于中高收入国家平均水平。③ 但社会福利与社会保障毕竟有所不同，社会主义福利不能停留在“最低生活保障”，“最后安全网”这个水平。正如习近平同志在党的十九大报告

---

① 参见杨艳东《我国劳动者的福利差距与社会保障制度的公平性——基于就业所有制性质的视角》，《学术界》2013 年第 3 期。

② 参见《社会保障制度是以人民为中心发展思想的重要体现》，https://baijiahao.baidu.com/s?id=1626494093888232717&wfr=spider&for=pc。

③ 参见《健康中国：人均预期寿命从 35 岁提升至 77.3 岁》，https://baijiahao.baidu.com/s?id=1703353374778487408&wfr=spider&for=pc。

中指出，当前社会的发展不平衡不充分，民生领域还有不少短板，群众在就业、教育、医疗、居住、养老等方面面临不少难题。我国的社会福利制度还存在不少问题（尤其是农村福利保障问题），亟待完善。福利制度的等级制、碎片化导致不公平仍然存在。

总之，社会福利保障制度是国家治理体系的重要组成部分，是以人民为中心发展思想的重要体现。虽然中国社会福利体制的发展还很不平衡，福利制度、政策之间的碎片化现象仍然存在，与人民群众日益增长的美好生活需要还有较大差距。但我们要看到，近 20 年来，中国政府在社会保障上加大了力度，无论是社会保障的范围，还是社会保障的项目，都在不断地扩展和增加（如近期相关部门出台的对保障外卖送餐员正当权益的指导意见），来更好地满足广大人民群众基本风险保障之需求。[①] 因此，必须深化社会福利保障制度改革，织密社会保障网，切实维护每一个社会成员的社会福利权益，努力实现社会福利保障从制度全覆盖到人员全覆盖，从人人享有到人人公平享有。同时，通过建立有效的社会福利保障治理机制，实现全社会风险保障资源的优化配置，以使社会福利保障制度更加公平、更可持续、更有效率。[②]

---

① 参见七部门《对保障外卖送餐员正当权益提出全方位要求》，https://www.ifnews.com/h5/news.html? aid = 181998。

② 参见人民日报人民要论《中国制度的优越性》，http://opinion.people.com.cn/n1/2019/0304/c1003 - 30954848.html。

第五章　当前中国社会福利建构的伦理理路

共享是中国特色社会主义的本质要求。必须坚持发展为了人民、发展依靠人民、发展成果由人民共享，作出更有效的制度安排，使全体人民在共建共享发展中有更多获得感。

——《中共中央关于制定国民经济和社会发展第十三个五年规划的建议》

在平等中注入一些合理性，在效率中注入一些人道。

——［美］阿瑟·奥肯《平等与效率》

第一节　中国社会福利价值理念探讨①

理念是思想理论的核心，在一个理论体系中居于灵魂地位，具有统摄作用。科学理念是科学理论的凝练和升华，是“固然”与“应然”的结合，具有时代性。当今中国有关社会福利价值理念的探讨，概括起来，学术界主要有以下几种代表性观点。

一　平等主义的福利价值理念

持这一观点的学者认为福利的建立不应基于权利与义务的对等关系上，而应诉诸“平等主义”理念，从而使福利，特别是基本福利真正惠及广大人民，确保人民的基本生活能够平等地得到国家的扶持和帮助。对此国家计委宏观经济研究院课题组就曾撰文指明，社会保障体系应当坚持“按需分配”这一统一的标准，避免使级别、社会地位、素质等成为干扰甚至主导社会保

① 本节内容以《中国特色的“福利共享”价值理念探析》为题，发表于《伦理学研究》2017年第5期。

障分配的决定因素。特别针对养老金的保障与发放问题，其有别于退休前个人因工作环境与性质不同从而导致的分配标准不同，退休后一致的条件和相仿的年龄应使得每个人退休后所获得的养老金数额相同，一些人由于工作时的职位或工作性质的差异，退休后仍然比另一些人拿更多的退休金是不合理的，应该“一视同仁”。持这种观点的人还认为，我们可以效仿一些国家，比如新西兰。新西兰实行的就是人人平等的养老金制度，不管你退休前做什么工作，不管你给这个国家作没作过贡献，不管你有多少资产，不管你有多少负债，一视同仁。新西兰没有老干部局之类的机构，即使是贵为新西兰总理，到了 65 岁退休后，待遇也和普通人一样，也要从工作和收入局领取和流浪汉一样多的养老金。要说不平等也有，那就是参加过战争的复员军人、残疾人和高龄老人有特殊待遇，他们的养老金稍微高一些。其次，平等主义的福利价值理念还提出，应当明确的是社会保障金始终面向的是因个人无力承担生活基本费用而无法独立生活的社会群体。为了对此理论作出合理性论证，相关研究者曾通过详细测算表明该方案的启动金额只需 677 亿元的社会保障税，并且其所应满足的前提条件是：“对每个人进行严格的收入审查，而且这种审查工作是低成本、高效率的。”①

二　功利主义的福利价值理念

功利主义的福利价值理念是一种“重效率轻公平”“重经济轻福利”的价值理念。北京大学陈平教授曾于《建立集中统一的社会保障体系不适合中国的国情国力》一文中指出，我国作为一个地区间发展极不相适应、很不平衡的大国，贸然筹划建立统一的社会福利体制只能是一种“洋跃进”，其短视主义的经济动机必将对我国的国际竞争力带来深远伤害。之所以得出如此判断是出于以下几点考虑：（1）国家财力短缺，难以负担建立并维系统一社会保障体系的基本要求，反观西方国家的已有成果，也均是在特定时期对于历史问题的特殊回应，盲目效仿只会使我们重蹈西方国家乃至东欧的覆辙；（2）从仍然以劳动密集型产业展现国际竞争力的国情角度出发，统一纳入社会保障体系将迫使外资流向其余劳动力更为廉价的国家，这无疑在短时期内会严重削弱我国的社会稳定程度；（3）没有严格的法律保障和问责制度，

① 刘福垣：《中国社会保障体制改革的方向》，《红旗文稿》2003 年第 8 期。

社会保障制度必然成为滋生腐败的温床；（4）建立统一的社会保障体系将助长地方干部竞相依靠政府补贴的恶习。那么应该怎么办？他进而提出：（1）土地应当作为农民的社会保障基础，农民可顺应经济发展需求进城务工，也可在劳动力需求饱和时回乡务农；（2）把住房作为城市居民的社会保障，住房产权可以成为职工用以投资以保障自身的必要手段；（3）失业人员与老病职工可以部分出租其住房，以补偿社会保障空缺；（4）国家可以向彻底丧失劳动能力的居民提供最低生活救济。总之，陈平教授认为“中国应当建立以家庭储蓄养老保障为主，民营的医疗保障为辅，社区的社会救济保底，廉价高效灵活多样的社会保障系统”[①]。

三　底线公平理念

中国社会科学院社会学研究所景天魁研究员提出底线公平理念。所谓“底线”，意指根据社会成员基本需要而划定的“基础性需求”标准界限，其由涉及温饱的生存需求、面向基础教育的发展需求以及依托公共医疗卫生服务的健康需求等不同方面构成，并且此三方面是任何社会、任何群体必须达成的底线共识，同时也是政府相关部门必须肩负的底线责任。景天魁研究员依据“底线”理念进一步划分了社会成员在权利方面的异同，底线以下的部分作为基本需求理应人人平等，而底线以上的部分则允许权利间存在差异性。总之，“底线公平”既承认权利的无差别性，也承认权利的有差别性[②]，低于“底线”的权利普遍而无差别，高于“底线”的权利允许呈现特殊性表征，且对前者的保障与满足始终优先于后者。

四　复合集体主义理念

云南大学的钱宁教授提出了复合集体主义的价值理念。他认为社会福利在本质上是集体主义的。但传统的集体主义不能成为中国社会福利的价值基础，因为传统意义上的集体主义过于片面地强调个人利益对社会集体利益的依附与服从，存在以集体之名义掩盖、抹杀个体性的潜在不足乃至危害。[③] 钱

---

① 陈平：《建立集中统一的社会保障体系不适合中国的国情国力》，《红旗文稿》2002 年第 15 期。

② 参见景天魁、毕天云《论底线公平福利模式》，《社会科学战线》2011 年第 5 期。

③ 参见钱宁《社会正义、公民权利和集体主义——论社会福利的政治与道德基础》，云南大学出版社 2011 年版，第 214 页。

宁教授提出中国社会福利的价值基础应是“复合集体主义”。其意指在改革传统的“消极福利观”的基础上的一种“积极的福利观”。积极的福利观应当至少包含以下诸原则：（1）培养个人具备福利责任观念，积极动员、调配各类社会资源以发挥其最大效用；（2）反对福利体制官僚化，避免其所引发的福利异化；（3）建立个人福利责任与集体福利责任的协调互动机制，带动社会福利精神的提升；（4）明确福利责任主体与福利单位多元化，形成国家、社会、社区、家庭等多层次社会福利制度体系；（5）打破福利观念中的唯物质主义，强调精神需求与物质需求的协同满足，始终将实现人的真正全面自由的发展视为福利政策关怀的终极诉求。

五　可持续性的福利共享理念

这是笔者新近提出的观点，也得到部分学者的支持。《中共中央关于制定国民经济和社会发展第十三个五年规划的建议》明确提出，“共享是中国特色社会主义的本质要求。必须坚持发展为了人民、发展依靠人民、发展成果由人民共享，作出更有效的制度安排，使全体人民在共建共享发展中有更多获得感”。党的十八届五中全会将“共享”发展理念纳入五大发展理念之中，进一步强调了所有的改革最终都要惠及老百姓。可见，“共享是改革发展的出发点和落脚点”，是其他四大理念的逻辑起点和最终归宿。要持之以恒推进共享发展，更好地践行以人民为中心的发展思想。把共享发展作为“压轴”，某种意义上也彰显了我们发展的终极目标。

在《现代汉语词典》中“共享”的含义是指：“与他人共同享受、使用和行使。”具有两个方面的含义，首先是可以共同拥有，其次是可以共同使用。笔者认为，在当下的中国，福利共享理念应主要包含五个方面的内容。第一，谁来共享？人民共享，每个中国人共享即新型的社会福利体系能惠及14亿中国国民。第二，共享什么？（1）共同分享劳动成果和社会发展成果，即全社会每一个成员都能够分享改革开放的社会成果和经济发展的成果；(2)共同分享发展机会，即政府和社会为每个成员提供自由、平等的发展、实现自己梦想的机会；（3）共同分享社会资源和服务，包括社会物质资源和社会公共服务。第三，共享要解决社会公平正义问题，即国家和政府要防止社会成员的两极分化，避免收入差距过大，这也是我们社会主义建设的最终目标。第四，共享是适度共享，是合理差异基础上的享有，不是绝对平均，不等于平均占有。第五，共享理念实现的途径是“人人参与、人人尽力、人人享有”。

“治天下也，必先公，公则天下平矣。”《吕氏春秋·贵公》社会福利是民生的“升级版”。邓小平同志曾深刻地指出：“社会主义不是少数人富起来、大多数人穷，不是那个样子。社会主义最大的优越性就是共同富裕，这是体现社会主义本质的一个东西。”① 2016年习近平主席在G20杭州峰会上向全世界郑重宣告，我们的发展进程中将进一步突出公平公正，根植于人民对自身利益的关切，要分好蛋糕，让全体人民共同享有更多的成就感与获得感。这是执政者发出的建设人民共享福利的积极信号，也显示了中国领导层发展福利国家的政治意图。意味着基于公民权的、更具包容性的福利体系将取代过去基于地域和职业身份的制度安排，实现“和谐社会”的政治承诺。推动改革发展的积极成果普惠于广大人民群众是社会主义的本质要求，体现着社会主义制度的优越性，更昭示了我们党始终坚持全心全意为人民服务的意志与决心。据此，人民至上就是把人民福祉摆在首位，将人民生活水平和质量的普遍提高与实现人的自由全面发展作为政策的出发点与落脚点，引领全体人民在共建共享的改革进程中进入全面小康的新时代。

六　福利共享理念的内涵及正当性依据

1. 福利共享理念的内涵

早在《共产主义原理》的文本中，恩格斯就已颇具前瞻性地提出了福利共享。他指出：“由社会全体成员组成的共同联合体共同地和有计划地利用生产力；把生产发展到能够满足所有人的需要的规模；结束牺牲一些人的利益来满足另一些人的需要的状况……所有人共同享受大家创造出来的福利……”② 可见，马克思主义思想宝库中蕴含着丰富的福利共享思想。那么，根据上述共享理念，福利共享就是全社会每一个成员都能够共同分享劳动成果和社会发展成果的具体体现。既然如此，福利共享的基本内涵是什么？即福利共享共什么？享什么？笔者认为，共是社会成员共社会、共资源、共环境、共生存、共发展、共创造、共规范、共享用，与此相对应，“共享的福

---

① 《邓小平文选》第3卷，人民出版社1993年版，第364页。

② 《马克思恩格斯选集》第1卷，人民出版社2012年版，第308页。

利”应主要包含以下几个方面的内容。

(1) 共同享受文明成果，这包括物质文明、精神文明、制度文明等成果。具体体现为基本生活保障、基础教育、医疗卫生、就业、住房、养老及公共服务与社会设施。即老有所养、病有所医、学有所教、劳有所得、居有其屋、贫有所助。文明成果的享用既是主体价值创造活动的动机，又是归宿，具有共享性。(2) 共同享受改革开放的社会和谐环境，包括和谐的生存环境、生态环境和社会政治文化环境，同时也包括这些环境对社会全体成员的正面、负面双重效应。(3) 共同享受社会福利创造，包括物质财富和精神财富的创造、体制的革新和机制的创新。创造既是社会成员的权利，又是社会成员的义务。社会财富要靠社会全体成员共同合作来创造，各个群体以及各个群体与群体之间共同的创造活动本身就具有重大的价值，具有共享性。(4) 共同享受福利资源，包括自然资源和非自然资源。(5) 共同享受福利规范制度。规范体系本身就是价值尺度体系，具有共享性。社会全体成员共同遵循社会福利规范制度，既包括他律也包括自我约束，在整合的各种规则体系中对全体成员都“一视同仁”。遵循共同的福利制度规范是社会全体成员的义务。(6) 福利共享的方式，是静态与动态相结合、普遍与特殊相结合。总之，福利共享既是一种价值选择，又是一种价值导向，既是“必然”，又是“应然”，构成共享价值体系。中国目前还不能够建立高福利社会，但通过建立一个人人公平享有、平等共享的福利体系，能够为所有社会成员提供无歧视的平等保护，让全体社会成员感受到社会主义国家对他们的关怀和扶持，让人民获得归属感和安全感。

2. 福利共享的正当性、合理性依据

第一，理论依据。首先，共享符合社会主义的本质要求。共享是社会主义本质内涵中历史与逻辑相统一的必然，而不是预设性的空想设定。将共享劳动成果作为社会理想首先明确提出来的是空想社会主义者而非马克思主义者。空想社会主义者傅立叶主张建立的“法郎吉”，欧文创办的“新拉纳克”和“新和谐公社”都把人人平等、共享劳动成果作为付诸实施的内容，提出“作为大家的共同财产只应当为大家的共同福利服务”①。充分体现出共享劳动成果作为人类共同体的价值诉求，当然在这之前的古希腊哲学家柏拉图在

① 《马克思恩格斯选集》第3卷，人民出版社2012年版，第650页。

《理想国》中，对共享理念也有表达。在我国，共享理念虽应为社会主义本质的题中应有之义，但对其的揭示乃至重视则经历了一定的历史时期。

改革开放的总设计师邓小平同志于20世纪90年代初就已阐明了第一发展生产力，第二实现共同富裕的社会主义原则，并且在遵循这一原则建设社会主义现代化的进程中提出“社会主义最大的优越性就是共同富裕，这是体现社会主义本质的一个东西”[①]。此后，面对经济发展过程中呈现的贫富差距态势，我们又旗帜鲜明地指出，社会主义的发展是公平正义的，发展的成果是共建共享的，共建共享与共同富裕是从不同视角对社会主义本质的深刻理解。继党的十八大报告中明确共同富裕为中国特色社会主义的根本原则之后，党的十八届五中全会进一步提出“坚持共享发展，必须坚持发展为了人民、发展依靠人民、发展成果由人民共享，作出更有效的制度安排，使全体人民在共建共享发展中有更多获得感，增强发展动力，增进人民团结，朝着共同富裕方向稳步前进”[②]。从而在新的社会历史条件下明确了共同富裕与共建共享之间的关系，体现出对社会主义本质观的深刻把握与接续发展。

其次，共享发展成果也是马克思主义群众史观的必然要求。历史唯物主义明确指出，人民群众是历史的主体，他们的利益和意志反映和代表了历史发展的总趋势，是创造历史的决定性因素。同时，创造社会物质财富的人民群众也是社会精神财富的创造者，并且是社会发展与变革的最终推动力量。正是通过人民群众的实践活动，人类历史活动的客观过程及其规律得到了充分的展示。马克思主义群众史观，在我国成了党的基本路线和纲领，在全面深化改革的背景下尤为重要，以人为本，尊重人民的主体地位，就要始终把人民利益放在首位，将实现好、维护好、发展好最广大人民群众的切身利益当作工作的重心来抓。人民群众是推动社会变革、促进社会发展的当然主体，其理应共享发展带来的先进成果。每个人都期盼得到更好的教育，有健康的身体，有更高水平的医疗卫生服务，有充分的就业机会，有更满意的收入，有更稳定的工作，有更舒适的居住条件，有更优美的环境……满足人民对这些美好生活的向往，正是马克思主义群众史观的应有之义，也是社会主义社会的奋斗目标。

---

① 《邓小平文选》第3卷，人民出版社1993年版，第364页。

② 《中国共产党第十八届中央委员会第五次全体会议公报》，人民出版社2015年版，第14页。

最后，福利共享是马克思主义财富观的具体呈现。马克思曾指出：“17世纪经济学家无形中是这样接受国民财富这个概念的，即认为财富的创造仅仅是为了国家，而国家的实力是与这种财富成比例的，——这种观念在18世纪的经济学家中还部分地保留着。这是一种还不自觉的伪善形式，通过这种形式，财富本身和财富的生产被宣布为现代国家的目的，而现代国家被看成只是生产财富的手段。”① 这段论述揭示了以17、18世纪为代表的资产阶级经济学的实质是把资产阶级利益和属性与国家捆绑在一起，但又以抽象的国家概念来掩盖这一本质。与此不同，当下我国的马克思主义政治经济学积极强调国家意识与人民意识相统一，其是以社会主义公有制和人民民主专政的形式为政治背景，以中国特色社会主义市场经济与创新机制为内在动力协同发展的。其中经济活动展现出的实然属性与拟订政策依循的价值目标之间保持着良序的内在张力，即“不断满足人民群众日益增长的物质和精神生活的客观需求，与揭示经济现象的本质、提高稀缺性资源的配置效率、增加社会物质财富和提高国民福祉目标的一致性”②。如果我们说，资本主义社会运行的轴心在于维系富人阶级的利益增长，那么社会主义社会则是围绕着“人民的福利”这一轴心运转和发展的。社会福利的内在价值观，在于通过社会共济来预防贫穷、减少不平等、增进社会包容。就国家层面本身而言，其所保有的一切财富理应为全体人民所共同享有，任何形式的国家财富都应普惠于人民，并且这里的人民并非特指纳税者群体，而是全体人民群众。因此，以关注并实现人的发展为己任的历史唯物主义真正反映出的财富思想是财富的本质正是在于其主体存在，财富作为社会发展的一个基本维度，其唯一的功用是实现人的发展这一根本目的。

第二，现实依据。首先，福利共享符合我国目前经济发展、结构调整的需要。社会福利制度的合理性根本上应交由所居国情和所处的历史时期予以校验。合理的福利制度必然与时代的发展目标相适应。据此而言，把握时代的特征就成为认识各国社会福利制度背景的重要前提，其更决定着社会福利制度的发展前景。一方面，中国经济和财政收入一直保持较高增长，外汇储

① 《马克思恩格斯全集》第30卷，人民出版社1995年版，第49—50页。

② 张雄：《构建当代中国马克思主义政治经济学的哲学思考》，《马克思主义与现实》2016年第3期。

备已突破 3.3 万亿元，据国家统计局发布党的十八大以来我国经济社会发展状况的国际比较中指出，中国人均国民总收入 2015 年增加到 7880 美元，已接近中等偏上收入国家平均水平。近日，还有专家提出，通过改革，中国有望至 2022 年使人均 GDP 达到 12600 美元，进入高收入国家行列①，这是一个质的变化。过去我国的社会福利制度是基于“人口多、底子薄”，人均国民总收入 1000 美元以下的国情制定的。现在我国已经由低收入国家跃升至世界中等偏上收入国家行列，人民的生活需求已经从单纯的满足温饱向有安全保障的更高水平的生活转变。同时，随着全球化及社会的变革，社会风险也在加速积累，人们对社会发展、对社会福利提出了更高的要求，因此我国的社会福利制度也需要转型和调整。另一方面，我国当前经济发展进入新常态，各领域面临着重大的产业结构调整和制度上的变革，市场经济环境也随之发生了变化。经济基础决定上层建筑，市场经济环境作为经济基础中的重要体现形式，在很大程度上对具有政治基础意义的社会福利制度具有决定性的作用，落后于市场经济发展的社会福利制度必然被淘汰，这是一种客观存在的必然趋势。因为经济发展方式的转变始终面向的是全面保障和改善民生，提高福利水平。我国新的市场经济环境催促着社会福利制度的变革，福利共享正是对现有补缺型为主、解决低层次温饱问题为主的社会福利制度向人民共建共享、全面改善民生福利的转变和实质性推进。2017 年 3 月 1 日，国务院颁布的《“十三五”推进基本公共服务均等化规划》，也正是这一理念的具体体现。

其次，福利共享符合我国社会城镇化、老龄化、家庭小型化、社会流动加剧的现实国情。我们知道，社会福利的基本功能主要有两个。一是降低社会成员的生存风险，为人们因多种因素导致的收入损失或其他意外提供一个兜底的安全网，从而确保社会成员的生存安全。二是提供条件以满足待改善人群的基本需求，从而保障并提升社会全员的生活水准，保障提高社会再生产效率。因此，社会福利兼具维护公平与促进发展两大职能。随着我国社会步入城镇化、老龄化和家庭小型化，过去传统的以家庭为主的保障模式已不能适应人民的需要。数据显示，截至 2015 年年底，我国 60 周岁以上老年人

① 参见《2022 年中国将成为高收入国家人均 GDP 达到 12600 美元》，http://www.bosidata.com/news/501285VHDH.html。

口已达2.22亿，约占总人口的16.10%。[①]“银发潮”袭来，对养老保险基金收支平衡影响很大。党的十九大报告提出，要尽快实现养老保险全国统筹。尤其由于我国独生子女制度的长期推行，社会福利制度的战略升级从家庭福利转向社会福利是我国社会发展的必然趋势，政府应承担更多的责任。组织、动员社会力量建立一套覆盖所有需要群体的普遍型“共享”福利制度是政府应当承担的职责。尤其在最低生活保障、基础教育、医疗卫生、就业、住房、养老等公共与社会服务领域，政府应发挥更大的作用，扮演更加积极的角色，为所有公民提供以公民权利为基础的全民性、连续性、综合性和发展性福利。比如不应该是老人、儿童在无依无靠的时候才提供福利，而应该向全部老人和儿童提供福利。老人为社会作了几十年贡献，理应享受社会福利。如果工作了几十年，老了却不能享受一定的福利是说不过去的。另外，新型城镇化的建设，“二孩”政策的实施等也涉及社会福利的调整，如扩大公共住房、公共服务，完善公共保障体制和基础设施等。总之，社会福利是政治，也是新的执政理念、执政方式的组成部分。

最后，福利共享有利于解决我国贫富差距困境。近年来伴随着我国社会主义现代化建设事业日趋精进，国家经济、政治、文化、民生等都取得了显著成就，许多问题诸如温饱、生产的低效率和低效益也都得到了解决，大部分的人民群众生活水平已经得到显著提升，但发展的同时也凸显了新问题，即中国的基尼系数在逐年扩大，城乡贫富差距、地区差异、行业差距依然明显。相比改革开放的初期，部分群众并没有觉得自己的生活有所改善，更有极少数人认为自己的生活条件与以前相比不升反降。据2016年最新发布的我国贫富差距数据显示，我国收入最高的1%家庭却占据着约全社会总量1/3的财富，收入最低的1/4家庭则仅拥有1%的社会财富。显而易见，随着我国经济的不断发展，财富享有的不平衡也日益凸显，这种财富除了经济财富外，也包括医疗卫生、教育、文化、公共服务、环境等资源。例如现有的基本医疗保险服务，无论职工医疗保险、城镇居民医疗保险还是新型农村合作医疗（新农合），其本质上都有特定的服务对象，而这在明确医疗保险的制度导向的同时，也可能引发经济水平更为脆弱的群体无法获取适当的医疗服务，这当然

---

① 参见《我国60岁以上老年人口已达2.22亿人占总人口的16.1%》，http://www.rmzxb.comcn/2016-07-11/912328.shtml。

也有违社会福利保障提供互助共济之初衷。尤其是其中以户籍身份为划分依据建立的城乡不同类型的医保体制，其非但无助于有效缩小城乡差距，事实上反而加剧了城乡居民收入间的落差。因此面对我国贫富差距仍旧明显这一现实状况，亟待落实推行积极的福利政策与制度，通过福利共享的方式逐步解决我国贫富差距的困境，实现公平正义。

七　福利共享理念要拒斥两种错误观念

1. 认为社会福利会阻碍经济的发展，削弱社会活力

有学者认为，社会福利会导致懒人越来越多，会产生“福利病”，人们在享受国家提供的“免费”“安逸”生活中，会产生不劳而获的思想，会产生依赖福利的“懒人经济”现象。高福利会导致人们“不去思考这样的生活是怎样来的？在思想和感觉的麻痹中，一个城市、一个地区，甚至整个国家创造财富的激情与活力就会渐渐地失去，也就失去了创新的动力与活力”①，从而阻碍经济的发展。笔者认为，这种观点是值得商榷的。我国人民长期以来以勤劳、善良、智慧著称，不要说我国现行的仍然是补缺型的福利政策，社会福利仍滞后于社会经济发展，就是以后施行全面普及性的福利政策，也不大可能出现所谓的“福利病”。因为社会福利主要体现在养老、教育、医疗卫生和其他公共社会服务上，对于失业，目前无论发达国家还是发展中国家，主要通过再就业为导向的工作福利来解决，而不是主要依靠纯粹的发放救济金和购物券，即治疗贫困的根源而不是减缓它的症状，我国也不例外。

另一方面，着眼于经济增长的长远效应，任何国家或地区经济增长都以提升消费在GDP中所占比重为内驱动力，其中提升消费性投资增长率是重中之重。针对我国当前居民消费水平总体仍旧不足的特定局面，一定的社会福利投入能够带来供给侧效应上的非农产业劳动参与率以及全要素生产率的提升，也可扩大需求侧效应上的消费群体规模。正如江治强分析指出，“就业、教育、医疗卫生、住房保障、养老和社会救助等方面的保障和投入直接涉及居民消费，不仅能够消除人们的后顾之忧，从而直接增加即期消费，重要的

① 李友民：《社会福利与经济发展水平适应性思考》，《社会福利》（理论版）2013年第7期。

是有利于稳定消费预期从而促进内需驱动机制的形成"①，并且发展社会福利也有助于不断优化产业结构、促进经济结构的调整与转型。有研究就指出，社会福利能以各种方式提高生产力和国家竞争力，原因如下：（1）失业福利使工人有更长时间可以找到好工作，因此使劳动力供求之间能够更好匹配；（2）福利能够减少社会矛盾，创造了更安全、更可预测的政治环境，能够吸引到更倾向于适中的但安全的投资回报的长期资本；（3）职业福利体系可以间接降低劳动力成本。所以，在我国当前发展社会福利不仅不会产生"福利病"，削弱社会活力，阻碍经济发展，而且还有利于调整经济结构，创造更多的就业岗位和机会，从而推动经济的发展。

2. 以成本—收益的视角来考虑社会福利

在对待社会福利的问题上，有人就从成本—收益的视角出发，认为搞社会福利是违背市场经济规律的，市场经济的自由竞争、自由调节能使个人得到最大的满足，会自然导致普遍性福利。国家和政府施行的社会福利投入大、成本高、效益低，不划算。

很显然，这种观点以成本和收益之间的关系来看待社会福利，从而把社会福利视为经济发展的负担。个人认为，尽管这是一个工具理性甚嚣尘上的年代，很多时候，人们做事更关注有什么收益有什么损失，而很少问应该不应该。但在对待社会福利的问题上，我们既要看效益，更应始终紧扣社会福利的本质这一中心思想。社会福利本质上具有经济性，它所针对的是各种由经济状况决定的不平等，即使这些不平等自身的本质并不是经济性的。所有"收入少""生活费用少""财产少"等导致的不利状况，都是社会福利所关切之事。健康与疾病现象本身不具备经济性，但是健康的促进与保持以及健康的损害，都可能有经济上的原因。疾病能否得到治疗通常依赖于是否具备相应的经济能力。对这些不平等予以平衡，便是社会福利的任务。与此相类似，由经济状况决定的不平等亦可表现在抚养和教育方面。另外，非经济性的不平等也可导致经济性的后果，而这同样属于社会福利制度的责任。如见义勇为导致的严重身体伤害。这本身并不具备经济性质，但由治疗产生的经济负担必须有人承担，由伤害造成的收入损失必须得到补偿。

社会福利政策的推动与运行始终是为了以不同于市场机制的手段满足处

---

① 江治强：《经济发展方式转变与社会福利制度转型》，《桂海论丛》2011 年第 6 期。

于资源稀缺条件下的人们的基本需求，因此，这类“共同体提供服务考虑的是私人市场和家庭不能或不愿意普遍给予满足的某些需要”①。毫无疑问在市场机制中，个人需求是以货币保有和个人购买能力表现出来的，个人需求在此转换为个人的市场需求，而市场需求的满足与否则取决于那只“看不见的手”的调节与分配。事实证明，市场经济绝不可能满足任何人的一切需求，更多朝向满足生活需求之目的的服务只能通过社会福利政策等方式来实行，据此才得以满足人们在市场之外的基本生活需求。例如，我国的离退休老人，有相当一部分人并不缺经济来源，但他们缺乏合适的养老服务，如何养老成为当今一些高龄老人、失能半失能老人的巨大难题。决定何种需求应在市场之外予以满足的权力不能交给“看不见的手”，而是应当通过特定的政治程序建立于社会全员的共识基础之上，诉诸公众认可的理念。一些西方国家和中国港、澳、台地区的实践经验证明，社会福利可以利用市场机制与社会机制，但却不能由市场和其他制度来代替。所以仅仅以成本—收益、投入与产出来考虑社会福利是错误的。

另一方面，我们还应该认识到，许多冲突着的成本和价值是不能被比较和衡量的。我们怎么拿与一般税收的增加所付出的成本同个人尊严的价值相比较？社会收益并不应该仅仅从花在每个社会成员身上多少钱来衡量，就像我们不能只计算鸟拍打了多少次翅膀，我们必须了解鸟已经飞了多远！在衡量社会福利的效益时，我们不能简单地计算花出去的人民币数量，我们必须更多地关注社会福利给个人、群体和整个社会带来的变化。如更普遍、更优质的教育成就，更长的寿命，更好的医疗保健，更高水平的健康和营养，更稳定的就业等。成本通常是用金钱来衡量的，但教育、健康、自我尊重和可行性能力等许多价值是不能仅仅用金钱来衡量的，节约成本也并不是社会想要实现的唯一目标和重要目标。并且社会福利也并不像有些人说的只消耗，不创造，不利于经济发展。事实是在一定水平的社会所创福利总量之下，对其加以合理分配，将显著影响人们对自身所享福利的评价，而积极的反馈评价会成为促进人们积极性的强大动力，从而反过来进一步扩大福利总量，给社会带来更多的就业机会和财富，毕竟“在公平的情况下创造新财富，是一

---

①［美］迪尼托：《社会福利：政治与公共政策》，何敬、葛其伟译，中国人民大学出版社 2007 年版，第 13 页。

件比重新分配已经取得的财富更重要也更容易实行的事情”①。

当然，在某种意义上理念和政策改革都只是“半成品”，它们还需要通过国家实施过程来转化为实践，通过对该过程进行的研究发现，新理念的有些方面往往“在转化中丢失”。所以，需要新理念的布道者在立法层面、行政层面、社会层面等去坚定地贯彻执行。

在政治文明发展到今天的背景之下，没有人会反对福利制度的建立。因为，反对福利制度本身容易背负道德上的包袱。但是，我们仍然有必要明确福利制度建设的价值依托。因为，价值理念的规范性基础的确立是明确国家福利制度建设方向的基石，相对于一些局部政策的修修补补，价值基础的确定是根本的。而“社会主义，无论它是一种理论学说、一种意识形态或一种政治战略，都是作为对于资本主义将劳动力商品化的回应而诞生的”②。作为有中国特色的社会主义国家，在社会福利建设中需要首先明确一个根本性的价值问题——为什么人谋福利？其次才是怎样为他们谋福利。所以社会的福利制度的设计不仅仅是再分配的经济问题，还是一个典型的政治经济学问题，因为它关系到将社会资源从生产或者投资领域转移到社会福利领域，是对资源进行权威性的再分配的过程。社会福利不是多缴多得，而是互助共济，是以群体的力量来化解个体的风险，并给所有人提供稳定、安全的预期。

第二节　中国福利伦理的分配原则

从本质上来说，福利制度的设计是一个政治伦理问题，它关系到社会稀缺资源从生产领域转移到社会福利方面，是一个对资源进行权威性的再分配的过程。非常重要的是，分配的原则和思路是什么？这直接关涉制度设计的细节安排，以及最终是谁、将以怎样的方式获得利益。这是一个非常本质的政治伦理问题。

安徽大学经济学院桑红丽最新研究结果显示：中国在1990—2017年社会福利水平总体呈现上升的趋势，但经济增长没有使社会福利得到同步的提高，从

① ［英］阿瑟·庇古：《社会主义和资本主义的比较》，黄延峰译，电子工业出版社2013年版，第17页。

② ［丹麦］考斯塔·艾斯平－安德森：《福利资本主义的三个世界》，郑秉文译，法律出版社2003年版，第48页。

长期来看，经济福利和福利水平是脱钩的，其原因是分配体制问题。[①] 中国需要扩大社会福利，但不能搞福利主义，福利要量力而行，适合中国生产力发展水平。社会福利要制度化，尤其是福利的分配制度和监管制度要配套完善。

一　关于福利分配原则的争论

旧福利经济学认为要增加经济福利，在生产方面要大力增加国民收入，在分配方面要消除国民收入的不均等情况，从而达到所谓的“最大多数人的最大利益”的价值原则。在福利的分配上，福利主义和平等主义都认为政府应起作用以达到福利分配的公平，但二者在对待如何才是福利分配的公平上理念有所不同。福利主义认为个人有获得基本生活必需品的权利，包括衣、食、住、医疗、教育、养老等方面的基本服务。社会有责任确保所有成员都获得这些必需品。获益于政府福利计划之人，只是得到了应该得到的东西而已，就像买方付了钱就自然要拿到东西，都是天经地义的，人们无须心存感激之情。国家分配福利，仅仅是在保障权利，就像保护买家免受欺诈。但自由放任的资本主义制度并不能保证每个人都获得这些必需品，资本主义无法履行道义上的责任，因此，福利主义主张必须通过政府行为来提供。

平等主义则提出，社会所生产的财富必须被公平分配。决定平等主义道德框架的概念是公平，不是权力。一方面他们承认，并不是每个人都对创造财富有同样的贡献，因此严格的平均化会对生产造成灾难性的影响，人们必须得到与生产能力相应的回报，以此为激励方能尽自己最大努力。但是另一方面，平等主义者认为，这种回报上的差异，必须被限制在为公众利益所必需的程度。如果某些人的收入是其他人收入的 50 倍或 100 倍或更多，那么就是不公平的。平等主义的特点是运用统计来描述收入分配状况。例如 2007 年，美国最富有的 20% 的家庭在收入规模上占全民总收入的 50%，而最底层的 20% 的家庭则只占 3. 40%，平等主义认为这种差距比例是不合理的，平等主义的目标是减少这种差距，所以任何趋向平等的变化都是迈向公平的步伐。如约翰 · 罗尔斯著名的“差别原则”，即允许不平等存在的条件是，其能够服务于社会最少受惠者的利益。社会有责任确保收入统计分布符合一定标准的公平，因为财富的生产是合作性的、社会性的过程，劳动分工意味着许多人都会对最终产

---

① 参见桑红丽《中国社会福利水平测度及经济增长分析》，《北方经贸》2020 年第 8 期。

品有所贡献，贸易意味着有更多的人在生产者获取财富的过程中曾助其一臂之力。因此平均主义认为，参与生产的人应该被作为一个整体来看待，这个整体才是财富的真正来源，社会必须确保合作成果能够在所有参与者之间公平分配。

可见福利主义和平等主义的两种社会公平在概念上的区别就是福利的绝对水平和相对水平之间的差异。福利主义要求人们能够达到最低的生活标准。只要这一底线或“安全网”存在，社会的贫富差距多大就不重要。所以福利主义主要关注弱势群体，比如低于某贫困线的穷人，或者病人、失业者，以及其他的遭遇困苦的人。而另一方面，平等主义者关注的则是相对福利。他们支持政府的再分配措施，如累进税，其目的在于对国民收入整体进行削峰填谷，而不仅仅施惠于底层。他们也支持产业的国有化，如教育和医疗，主张以完全排除市场的手段运营产业，以使商品的分配平等。

二　当代中国社会福利的分配原则

一个社会的福利资源该如何分配才是公平合理的，遵循什么样的原则？中西社会福利发展史上出现过平均主义的分配原则、劣等处置原则、补缺型原则、普惠性原则、按需分配原则、福利机会平等原则和福利资源平等原则等。通过比较鉴别、伦理审视，并结合中国自身的国情，本书提出当代中国社会福利的分配原则应是补缺型原则与普惠性原则的有机结合，福利机会平等和福利资源平等的统一，按劳分配与按需分配的合理架构。

1. 同等关怀和同等尊重原则

法理学家罗纳德·德沃金说：“国家在对待公民的时候需要的不仅仅是关怀和尊重这么简单，而是要同等关怀和尊重。”[①]“同等关怀”的基础和前提是平等。“同等关怀”原则禁止国家采用任何旨在陈述某些人比其他人更有价值的原则。例如，国家可能据此对资源进行不平等的分配。“同等尊重”原则不允许国家限制公民进行选择和追求他们认为适合自己的生活方式的自由，尤其不能仅仅由于大多数人持有这样一种观点——某些人的生活方式在道德上或者社会上要优越于其他人，就对这种自由进行限制。“同等尊重”还要求，国家把公民作为能够形成自己关于实现生活目标的适宜意见和能够独立自主地进行选择的

① R. Dworkin, *Taking Rights Seriously*, Cambridge, Mass: Harvard University Press, 1977.

主体予以对待，就此而论，国家中立原则是建立在一个“善的生活”的特定观点之上的，即公民有自主能力以及能够形成自己的意见。平等对待只是一种要求平等对待的权利；它要求一个人的利益要和其他任何人的利益一样，受到完全同等的对待。

当然，同等关怀和同等尊重的原则并不意味着国家应该完全相等地对待每一个人，如果这样的话，就意味着所有的公民都有权利在人生每个阶段获得同等份额的资源。全民福利国家当然包含“平等”要素，但是不应该将之理解为“相等的对待”。例如，我们可以说，某些人或许要求获得比其他人更多的医疗照顾。但是，满足一部分人比其他人更多的需求，并不意味着前者的生活方式比后者更有价值。它只是反映了这样一种判断，如果不给前者一些额外的资源（比如肾脏透析治疗），则他们的痛苦将远远大于后者。我们这里所说的“同等关怀和同等尊重”原则，就是要求国家去纠正这种不平等。①

“同等关怀和同等尊重”原则基于普遍主义福利思想。任何人都不能被剥夺维持体面生活的基本物资，无论这些福利的提供达到了何种水平，没有任何充分理由能剥夺公民享有福利的权利。当然，普遍主义福利除受到公共财政、高税收、全球化等因素的挑战外，还受到道德层面的审视。有研究者认为，实行普惠性福利制度的国家，政府为其公民承担了过多的生活责任，导致公民社会网络如家庭成员之间、邻里社区之间各种原有的道德支持弱化。同时，使得接受国家辅助的人们日益形成福利依赖，逐渐对自身行为缺乏责任感，所以，普惠适度尤其重要。

2. 权利与义务对等原则

这一原则象征一种基于必要的道德因素的交换关系：拥有权利的同时，必须履行相应的义务；不承担责任就无法享有权利，职责就是偿付的职责。公民权利是宪法和法律赋予我们每一个公民的，实现权利公平，首先意味着社会权利上的公平，它承认并保证社会主体具有平等的生存权和发展权。也就是要求社会的制度安排和非制度安排给每个社会主体的生存、发展的机会是平等的，劳动的权利、受教育的机会、职业的选择等不能受家庭背景、种族、性别以及资本占有状况等因素的限制和影响。这个原则能够对分配公正

---

① 参见［瑞典］博·罗思坦《正义的制度：全民福利国家的道德和政治逻辑》，靳继东、丁浩译，中国人民大学出版社 2017 年版，第 33 页。

性作出深刻阐释：为了得到，你必须付出。比如人们在少年时有接受教育的权利，当其长大成人就必须承担起回报社会的义务。大众在享受健康权利的同时也承担了不能减少国民收入的责任。穷人只要他是健全的，他就有不成为穷人的义务与所接受的救济权利相匹配。对于那些残疾人更多体现出不是现实的义务，他们获得福利权利的同时承担的是一种道德义务，即努力克服其不幸的道德义务。健全的人依赖于他人而生存是不公平的，要“劳有其酬”。这一原则的初衷是让更多的人积极参与到工作中，更少的人依赖“消极”福利。

这一原则最早于1889年由德国首相俾斯麦在养老和残疾保险项目中践行，以后这一原则在贝弗利奇报告和北欧的福利制度中都有体现。即享受社会保障必须以劳动和缴纳保险费为条件。只要尽其所能地履行了劳动义务，作为权利，都能在年老退出工作后申领足以维持基本生活的收入，履行劳动义务是获取养老保险的前提，同时，获得养老保险也是劳动者的基本权利，充分体现了权利与义务相统一。近年来，这一原则在实践中受到越来越多的关注，包括英美的自由福利模式。事实上，英美福利国家通过“为工作而福利”和“工作福利制”促成了全世界范围内权利与义务相统一原则的发展，如北欧的福利合同。北欧的福利合同阐明了有权享有福利待遇的权利和履行工作义务之间的紧密联系。这一合同将权利与义务相统一，规定了如果违反履行工作或参与活动的义务，就会受到延迟发放补助等财政上的惩罚。同时强调个人权利和义务的对等，福利合同保证受益人能够作出贡献，且获得回报——有一份维持基本生活的工作。

3. 公平优先于效率原则

美国学者阿瑟·奥肯指出：“如果平等和效率双方都有价值，而且其中一方对另一方没有绝对的优先权，那么在它们冲突的方面就应该达成妥协。这时，为了效率就要牺牲某些平等，并且为了平等就要牺牲某些效率。但无论哪一方的牺牲都必须是公正的。”① 而笔者认为，在社会福利中，应该是公平优先于效率，效率对公平又有促进作用。公平在社会福利中包含两个方面的内容：一方面是社会福利制度本身的公平，即社会福利制度的内容等要体现

---

① ［美］阿瑟·奥肯：《平等与效率——重大抉择》，王奔洲等译，华夏出版社2010年版，第106页。

公平的理念，这是社会福利制度得以存在的前提；二是社会福利制度的实践对社会公平的影响，它主要涉及社会福利制度的实际操作过程和运行结果是否公平，这是社会福利制度从理念公平变为现实公平的必要步骤。二者是前后贯彻、相互依赖、相互影响的。就其理念而言，公平意味着人人都有权利享受社会保障，这也是作为公民的最基本的权利；就其内容而言，公平意味着在国家关于社会福利保障的所有法律、政策和各种实施办法的明细条款中，都能体现其公平的理念，用法律形式使个体的社会保障权利固定化，并对国家、社会、个体的义务作出公平规定；就其实际操作而言，公平意味着切实给予每一个社会成员应得的保障。而社会福利制度的效率则指在社会福利保障基金的积累和利用上，达到了帕雷托最优，使社会福利制度中的社会安全功能达到最佳状态，保证和促进社会稳定和经济发展。可见二者是紧密联系，不可分割的。

除以上原则以外，有学者提出公平分配基本能力与促进福利主体能力发展相结合原则①，福利与经济发展相适应原则（作为一项基本的社会制度，社会福利水平必须与社会经济发展相适应，与一定历史时期的社会生产力发展水平相一致，不能超越政府、社会的供给能力），从单一责任本位向社会共同责任本位转变的原则②等，这些都可作为有益的补充，在实践中加以考量。

第三节　中国特色福利的伦理路径

一　普遍性福利和选择性福利路径

普遍性福利和选择性福利一直是两种不同的福利路径选择，也是两种不同的福利受益对象定位。自现代福利国家诞生以来，政策分析家与学者们一直都在研思受益人资格标准的含义。在长达数十年的时间里，有关福利的目标定位争论围绕着普惠性与选择性之间的区别形成了明显的分界。在普惠性政策下，社会福利作为一种基本的权利，为全体公民所享有，其定义中包括把福利资源分配给总人口中较大的群体如养老金（退休金）。但“普惠性”

① 参见［芬兰］保利·基杜伦、［挪威］斯坦恩·库恩勒、任远主编《重塑中国和北欧国家的福利制度》，复旦大学出版社 2014 年版，第 225 页。

② 参见韩克庆、黄建忠、曾湘泉《中美社会福利比较》，山东人民出版社 2012 年版，第 170 页。

通常被质疑缺乏针对性。而选择性福利，受益资格则是通过对个人需要的调查——主要是通过家计调查来确定的。

在普惠性与选择性的争论中，主张选择性制度的人认为，根据经济需要来确定受益资格——家计调查既可以减少总支出，同时也确保了把有限的社会福利资源分配给那些最需要的人，认为这一方法有利于再分配。使那些证明自己最有需要的家庭能优先获得社会福利。选择性福利还有利于缓解国家社会保障福利资金短缺的困境，有利于克服惠普性福利带来的制度性负激励风险。但有人对此提出疑问，认为这种选择性福利制度代表了“对穷人更深层的傲慢”①，也对有资格享受福利，但为了保持独立而骄傲地继续工作的穷人不公平。另外，政府对贫困群体进行背景调查时会有损这些人的自尊。

而普惠性福利是把福利分配给所有公民（而不仅仅是穷人和残疾人）。因为我们每一个人都可能在某一时刻陷于危机并面临各种基本的社会需要。因此，福利国家的正确做法应该是不论穷富、男女或其他个体差异，而将政策集中于各个有着共同需要的群体。主张普惠性福利的观点认为，享受福利权是所有公民的一种社会权利，这样可以避免把社会分化成施予者和受施者两个独立群体，从而增进社会团结，消除受辱感。另外，从经济上来看，尽管惠普性分配比选择性分配要耗费更多的支出，但如果把进行家计调查和持续监管收益资格等带来的交易成本也计算在内，就不相上下，而资格认定在选择性的福利项目中是必需的，以弄清（1）申请人是否有资格要求提供帮助，（2）如果有资格，又该提供多少帮助。在普遍性的福利项目中，国家行政部门不需要进行资格认定，这样选择性福利的管理成本就有可能高于普惠性福利的成本。在普惠性福利制度下，国家为所有公民提供基本的能力，且这种制度是按照“同等关怀和同等尊重”的原则来对基本能力进行配置的。社会政策关心全体公民，没有划分群体界限的困扰，福利政策主要是形成公民与国家之间的普遍公平，是为了解决大家的公共问题如医疗卫生保健、教育、养老金等。普遍性福利制度还可以避免官员腐败以及道德风险。在选择性福利中，存在职能部门管理者或执行人员大量的自由裁量行为导致的随意性权力问题，

---

① ［美］汤姆·戈·帕尔默：《福利国家之后》，熊越、李杨、董子云等译，海南出版社2017年版，第101页。

而随意性权力容易导致权力的滥用、程序不正义和欺诈的道德风险。在选择性福利制度中，例如在申请廉租房或低保救济金中，申请人为了获得政府住房补贴或低保资助，时常会有意识地把自己的生活状况强调得比实际状况更严重，把是否能依靠自己解决问题的前景描述得非常消极甚至遥不可及。这就需要政府相关部门花费大量的人力、物力去鉴别且不排除有具体执行人员或职能部门（如街道、居委会、村委会）也会利用这一权力进行权力寻租。国外有研究表明，"很多选择性福利制度，政府要把很大精力放在监督申请者和一线官员方面"①。

由此我们可以看出，选择性福利的目标定位依据是基本需要，普惠性福利的目标定位依据是公民权利。二者都看到了问题的一个方面，但又忽视了另一个方面。

二　中国福利特色——普遍性与特殊性的结合

中国是社会主义国家。作为社会主义国家，社会主义社会的生产是为了满足全体人民不断增长的物质和文化需要，这种需要一方面是指个人的物质生活和精神文化生活的需要；另一方面是指人们公共的、社会的需要，即文化教育、医疗卫生保健以及各种集体福利等。可见社会福利也是社会主义社会不可或缺的社会条件。马克思在《哥达纲领批判》中，对社会主义社会福利保障提出了初步的设想："如果我们把'劳动所得'这个用语首先理解为劳动的产品，那么集体的劳动所得就是社会总产品……总之，就是现在属于所谓官办济贫事业的部分。"② 马克思的这一重要论述，包含了社会福利、社会保险和社会救助三个层次的福利制度设想，也表明了社会主义国家社会福利的必要性。

就中国福利文化发展的历史来看，长期以来我们的慈善、福利主要是针对贫困、受灾、老人、残疾人等弱势群体的扶助，以补缺型、选择性福利为主，福利政策主要是面对"贫困群体"或"无法适应环境的人"等，在这方面我们有一定的路径依赖。比如从中国古代就有"慈幼、养老、振穷、恤贫、宽疾、安富"六政来养万民。抚危恤患，宽免"老小重疾"，到现在对残疾、

① ［瑞典］博·罗思坦：《正义的制度：全民福利国家的道德和政治逻辑》，靳继东、丁浩译，中国人民大学出版社2017年版，第156—158页。

② 《马克思恩格斯选集》第3卷，人民出版社2012年版，第361—362页。

贫困群体的福利救助，都有历史的延续性。随着中国改革开放40多年经济的巨大发展，中国进入新时代，消除了绝对贫困，人民的生活水平有了很大的提高，从原来的温饱到现在的小康，从原来主要注重物质需求到现在物质精神两手都要抓，人民对福利有了更高的需求。所以，当前中国社会福利正在从补缺型、选择性向适度普惠型转变。

普遍性福利政策在实施中，比选择性福利政策简易且成本更低，从经济伦理上来说更节约。这是因为在普遍性的福利项目中，国家行政部门不需要进行资格认定，而资格认定在选择性的福利项目中是必需的，在普遍性福利项目中，确定资格的标准非常简单（如养老金就是年龄），以至于政策施行过程可以自动运行。因此，社会政策可以通过明确的公民权利方式予以确定，而且国家的社会责任也被严格限定了。

从政治伦理上来看，普遍性福利制度可以避免职能部门管理者或执行人员大量的自由裁量行为导致的权力随意性问题，而权力随意性容易导致权力的滥用、程序不正义和欺诈的道德风险以及官员腐败。我们国家类似问题发生过不少（如开宝马的申请到廉租房、官员受贿等）。而普遍性福利制度基本不会出现类似问题。所以，穆勒强调程序正义和执行公正的重要性。社会福利应尽可能地通过明确权利的形式赋予被援助者，个体不应该卑躬屈膝地请求获得这些利益。这一观点主张以作为公民权利的福利政策来取代任意性的贫困救助。当然对于老、弱、病、残仍然有特殊救助政策的支持。

所以笔者认为，我国的社会福利应该是选择性福利与适度普遍性福利的结合，体现中国传统文化价值与现代福利观念相结合的社会福利体系。社会福利不仅保障全体公民的最低生活水平，消除绝对贫困，兜住民生底线；同时也应该不断致力于提高全体公民的生活水平和质量，提高福利整体水平，建立有中国特色的社会主义现代发展性福利。福利的对象不仅包括贫困群体、老年人、残疾人、妇女、儿童等弱势群体，对这些群体应有倾斜性的补缺型福利（选择性福利）；社会福利还要面向全民，遵循普遍主义原则，将所有公民的基础性的共同需要（比如养老、医疗福利）都纳入社会福利体系的保护范围，实现福利“全覆盖”，为全体社会成员提供福利支持。正如有学者提出：“中国就应当能够在2035年前全面建成高质量的中国特色社会保障体系，并在本世纪中叶将全体人民引入实现人的全面发展、全体人民共同富裕的中国式福利社会。”①

当然，我们还是发展中国家，福利水平要与我国生产力和经济发展水平相适应，所以应采取适度普遍性福利。在满足公民福利需求时也不能急于求成，一蹴而就，要量力而行，逐步拓展实现。

① 郑功成：《面向 2035 年的中国特色社会保障体系建设》，《新华文摘》2021 年第 7 期。

第六章　当代中国社会福利实践的伦理反思

我们的人民热爱生活，期盼更好的教育、更稳定的工作、更满意的收入、更可靠的社会保障、更高水平的医疗卫生服务、更舒适的居住条件、更优美的环境，期盼孩子们能成长得更好、工作得更好、生活得更好。人民对美好生活的向往，就是我们的奋斗目标。

——《习近平总书记系列重要讲话读本》

国家在对待公民的时候需要的不仅仅是关怀和尊重这么简单，而是要同等关怀和尊重。

——［美］罗纳德·德沃金《原则问题》

本章将从社会伦理的视角，从实践上考量当代中国社会福利的四个主要领域：老年福利、医疗福利、保障房建设和精准扶贫，以马克思主义辩证思维方式，解析当前中国福利建设的得与失、利与弊以及现实与未来。

第一节　中国老年福利的伦理审视

联合国规定，当一个国家或地区在60岁以上的人口比例达到10%，65岁及以上的人口比例达到7%以上，即可被称为老龄化的社会；65岁及以上的人口比例达到14%可被称为老龄社会。中国是世界上最大的发展中国家，目前在向高质量的发展中却迎来了人口的老龄化。据第七次全国人口普查，截至2020年年底我国60岁及以上人口为26402万，占总人口的18.70%（2008年的比例是12%）。其中65岁及以上人口为19064万，占13.50%（2008年的比例是8.30%）。[①] 上海是中国最早进入人口老龄化且老龄化程度

① 参见《二胎催生无果，人口出生率跌破1%，专家提出新方案，获得父母赞同》，https://xw.qq.com/amphtml/20220102A04MM200。

最高的城市。截至2019年年底，上海市60周岁以上户籍老年人已达518.12万人，占全市户籍人口的35.20%。其中，80周岁以上的高龄老人已达81.98万人，占户籍老年人口的15.80%，每10万人中拥有100岁老人18.60人。[①]毫无疑问，我们国家已经进入了老龄化社会，正在快速向老龄社会迈进。有关专家预测，“到2050年我国65岁以上老年人口将达到3.2亿以上，约占我国总人口的1/5，占世界老年人口的1/4。与此同时，我国高龄老年人口目前还以每年5.4%的速度在增长，到2040年我国80岁以上人口将达到0.56亿”[②]。

快速老龄化给中国带来的养老问题将非常严峻。2021年两会期间，根据中国新闻网的调查，养老是大家关注的热门话题之一。[③] 所以，面对中国如此严峻的人口老龄化情景，如何明确和落实我国老年人的“养老”责任，使他们“老有所依”，是我们当前和今后很长一段时间所要面对的重点“民生”课题之一。

一　关于养老责任的探讨

养老福利是一种社会福利，作为一种社会福利，“这种社会福利的理念基于这样的假设：通过组织和治理，人类社会可以生产和提供这些东西，而因为这一理念是可行的，社会有道德责任实现这样的理念”[④]，所以养老福利责任应是政府的团体责任，对于政府来说，养老福利责任既是一种道德责任，更是一种政治责任。

在西方有关的文献中我们看到，在福利责任问题上市场与政府的两分常常被设定。从中国社会福利政策的发展变迁可以看出，在“养老”责任问题上则经历了从家庭、政府、市场到多元责任主体的过程。近年来，关于养老福利责任，中国学界的探讨也不少，有从政治学探讨的，有从传统文化探讨的（费孝通），还有从责任理论探讨的（景天魁），主要有多元责任论和政府责任论。雷雨若、王浦劬提出社会福利建设要以有效的政府、发达的市场和

① 参见《上海调整为三级响应 养老服务逐步恢复》，http://news.hnr.cn/202005/13/117553.html。

② 王欢、朱尧耿：《中国人口老龄化的发展趋势及对策研究》，《中国计划生育学杂志》2003年第12期。

③ 参见《两会上你最最关心的问题，答案在这里!》，https://mp.weixin.qq.com/s/n1bcFTn-ie-gApePnC2bXLQ。

④ 尚晓援：《“社会福利”与“社会保障”再认识》，《中国社会科学》2001年第3期。

强大的社会组织、和谐的家庭和有担当的个人为基础，多元化合作；高和荣认为要以政府为主导，建立社会、家庭（个人）为支持的多层次供给主体。[①]戴卫东则创新性地提出福利V型责任论，提出要“动态地”把握“各个时期的福利责任主体之间的形态及其发展趋势”。[②]

严国萍、徐月宾、张秀兰都认为正是由于改革开放后政府福利责任的逐步“弱化”“退却”，加上长期二元户籍制度的制约，造成了今天社会福利尤其是养老福利的不平衡和碎片化。王春光认为，由于政府和企业纷纷将福利保障职责推向市场，忽略了社会公正，也导致了政府责任的下降。岳颂东则认为，在社会保障中，家庭的保障功能才是主要的，“社会保障制度应当并且必须充分发挥家庭在社会保障制度中不可替代的重大作用”，“家庭是社会的细胞，劳动者是社会保障制度的根本”，“社会保障的襁褓——家庭带有最本质、最朴素的属性，即社会保障基金的本质是自创的、经济上自给的，相互共济是辅助性的”，社会保障要“把个人与家庭的责任充分调动起来，还社会保障自创自给的本源”。“政府应当从主角变为配角，成为最后出场的角色，以承担社会困难群体及无力自保的人们的责任。”所以，“应长期崇尚尊老的中华传统文化，长期倡导家庭养老、家庭护老和家庭安老的东方文明”。具有血缘关系的家庭亲情不仅可以满足老人的身体护理，而且可以满足老人的心理慰藉，这是一般老年护理制度所难以达到的水平和境界。“为此，政府应当鼓励家庭养老、家庭护老和家庭安老。”[③]

但彭华明等却对此提出了异议和批评，指出采用这种政府扮演配角即小政府社会福利责任是不恰当的，政府在社会福利中应扮演主导作用。社会福利是政府承担的最重要的责任之一。在当今中国的国情下，应以解决社会问题，满足社会需要，人类增进福祉为目标，扩大政府的社会福利责任，建立适度普惠性社会福利，“老人群体是最先接受适度普惠型社会福利的人群”[④]。

---

① 参见高和荣《个人养老金制度的实施、挑战与优化》，《西北大学学报》（哲学社会科学版）2022年第11期。

② 戴卫东：《福利：V型责任论——中国老年社会福利政策的一个理论建构》，《社会政策研究》2018年第1期。

③ 岳颂东：《对我国建立老年护理制度的初步构想》，《决策咨询通讯》2008年第3期。

④ 彭华明主编：《东亚福利：福利责任与福利提供》，中国社会科学出版社2014年版，第9—10页。

二　中国语境下的政府养老责任

笔者认为，探讨责任，首先要明确责任概念的内涵和边界，搞清楚是什么样的责任，区分责任主体、明确责任内容，根据不同的责任内容确定相关责任主体。

由于现代社会不同领域、不同主体之间的职能存在多层次交叉的复杂性，从责任的伦理视角来看，责任的内容涉及三个方面。第一，明确责任的可行为能力，责任的确定要在行为者可行为的范围之内；即要根据主体的身份与能力合理确定责任，使责任与行为者相匹配，即根据可行为能力确定责任。第二，明确区分不同责任内容之间的联系与区别，例如，厘清政治责任与法律责任、道德责任与其他责任之间的关系，防止主体承担的责任混乱，影响问责的针对性。第三，以权责一致为履行责任的基本伦理原则，防止“有权无责”与“有责无权”对于责任主体及对象的消极影响。第四，完善问责制度，根据主体不同建立不同的失责惩戒机制，防止责任成为一纸空文。

养老福利虽然有多元的提供者，但主体责任边界不同，福利提供的内容不同，承担的责任范围和程度就不同。比较而言，笔者较为赞同高和荣教授的观点，养老要以政府为主导，同时建立社会、家庭（个人）为支持的多层次供给主体。政府主要满足养老保障的基本需求，其责任目标是公平；个人和家庭满足居民养老个性化需求，其责任目标是效率；市场满足居民养老保障的多样化需求，其责任目标是合理。

政府在社会福利政策的制定、社会福利的生产、社会福利资源的传输、社会福利机构的管理等方面起着主导作用，即政府对国民的养老福利承担主要责任。以往学界在讨论政府的福利责任时，往往以西方的功能理论、需求理论与公民权利理论为基础，从社会发展和福利接受者的视角，从为什么应该提供福利的视角来探讨。笔者觉得还有一个视角，就是从政府的视角如何看待政府的养老福利责任。因此从理论上说，清楚政府为什么应当承担养老福利责任或者为什么养老福利责任应主要由政府来主导是探讨养老福利责任的理论前提。

（一）当前政府养老福利责任的道德理据

福利责任的理论溯源，纵向上可以依据传统儒家的道德责任思想和忧患意识、现代新儒家的责任伦理思想、社会主义的集体主义思想；横向上马克思主义的伦理学甚至西方的责任理论，都可以被视为构建中国福利责任价值观的思想资源。但从当下构建有中国特色的福利责任来说，笔者认为最主要的依据是马克思主义的人的需要理论，以人民为中心的发展理念以及中国共产党执政党的政治责任担当。

第一，马克思主义的人的需要理论。首先马克思主义认为，人的需要是整个历史发展的重要出发点。所谓人的需要，从一般意义上说，就是人同外部环境之间的一定联系的必要性，是人们对某种对象的渴求和欲望。人作为自然界长期发展的产物和自然界的组成部分，必然以其原始的自然本性即生物性的需要作为自己的起点，自然需要的满足是产生新的需要的起点。人们为了维持基本生存和后嗣繁衍，第一个历史活动就是从事满足吃、喝、住、穿等此类需要的物质资料生产，然后才能从事政治、科学、宗教、艺术等的创造。即自然需要的满足是产生新的需要的前提，然而，自然状态不能满足人的全部需要，人还必须以自己的行动来获取自己所需要的一切。“这就是说，世界不会满足人，人决心以自己的行动来改变世界。”① 马克思指出，“经济上的需要曾经是，而且越来越是对自然界的认识不断进展的主要动力”②，没有物质的根本保障，人类社会也就无法发展与延续，物质需求始终是推动人自觉能动地改造生产工具、从事劳动创造的主要动机。而“已经得到满足的第一个需要本身、满足需要的活动和已经获得的为满足需要而用的工具又引起新的需要，而这种新的需要的产生是第一个历史活动”③，社会历史就是在需要的不断产生与满足中得以向前演变与发展的。

其次，人的需要是社会生产发展的内在驱动力。马克思认为，生产、分配、交换、消费构成了社会再生产过程的四个重要环节，消费既标志着一个生产过程的结束，又意味着新的生产过程的开始，是引发生产进入下一个发展周期的深层根源，而人对于新的物质产品的需要，总是促使消费创造出新的生产的需要，为生产主体确立方向与目标，使得生产创造的最终成果满足人的现实需求，驱使下一个生产过程的运转与发展，为生产提供不竭的内生动力。同理，生产也为需要提供坚实的物质保障，如此循环往复、螺旋式上

① ［苏］列宁：《哲学笔记》，人民出版社 1993 年版，第 183 页。

② 《马克思恩格斯选集》第 4 卷，人民出版社 2012 年版，第 612 页。

③ 《马克思恩格斯选集》第 1 卷，人民出版社 2012 年版，第 159 页。

升，生产得到不断的发展，需要得到不断的丰富，人类社会得到不断的推进，因此，人的需要是社会发展的原动力。满足人的基本的需要是现代文明社会的“基本的善”。

第二，社会主义坚持以人民为中心的发展。我国的市场经济之所以冠以中国特色社会主义，就表明了我国是社会主义的人民共和国，人民是国家的主人，国家应该自觉为人民服务，为人民福利承担责任，人民福利是国家服务的对象。就此而言，我国以人民为中心的福利建设实现了对以资本为中心的资本主义福利建设的价值超越。新时代美好生活的建设，既是一个不断解决不平衡不充分问题的过程，也是一个以人民为中心的福利建设不断提升、高质量发展的过程，这两个过程是辩证统一、相互依存的。我们的养老福利正经历着从人人享有到人人公平享有养老福利的过程，从不平衡不充分到质量不断提升的过程，让广大人民在为社会付出多年的辛劳，作出毕生贡献后，老有所依，有一个有尊严而幸福的晚年，使他们有更多、更直接、更实在的获得感、幸福感、安全感，能抵御养老风险，应该是我们政府贯彻以人民为中心的发展理念的具体体现和责任担当。英国进入老龄社会用了长达一百年，我国从改革开放到2000年进入老龄化社会仅用了25年左右。而且世界上大多数发达国家在进入老龄化社会时经济已进入高水平阶段（比如日本），我国人口老龄化的进程与经济发展的进程是不同步的，“未富先老”是中国人口老龄化的一个显著的特征。所以我们是在经济发展的初级阶段，要去面对西方国家经过上百年的发展，经济发达阶段才遇到的人口老龄化问题，这也考验着中国政府的智慧和治理水平。

第三，体现中国共产党的政治责任担当。福利制度本身就带有政治性，因为它可以缩小贫富差距，营造社会团结，保障社会和平与和谐，是一种基本人权和基本治理手段；同时它也是政府社会保障体系中不可或缺的部分，是能相对减少贫困的重要工具。福利制度的政治性是由社会福利自身具有的政治性演变而来的。社会福利是一种包容、整合的政治，也是一种团结的政治。从这个角度看，社会福利本身就具有政治功能。美国学者埃里克森指出：“假定人们天生渴望改善他们的福利，这并不是假定人们是无情无义的只讲物质利益的人。即使对铁石心肠的经济学家来说，‘福利’包括的也不只是商品，而且还包括其他人们也许会同样珍视甚至更为珍视的事物，例如父母亲情、闲暇、健康、社会地位以及亲密的人际关系。”①

社会保障与社会福利对于每个老人和他们的家庭以及整个社会的生活安宁非常重要，它是政府社会政策中一个不可或缺的部分。随着老龄化社会的到来，发达国家不同政党在竞选时往往把推进国民福利作为竞选纲领，而老人福利往往成为首推领域。因为老年人不仅数量多，而且参与投票的比例也大。任何一个政党要在竞选中获胜，必然要考虑老年群体。例如日本在1996年的大选中，65岁以上老人的投票率为70.70%，而20多岁年轻人的投票率仅有36.40%。韩国几任总统，无论是金大中引入的老人长期护理保险制度，卢武铉把推动独居老人、残疾人、儿童福利作为执政纲领，还是李明博政府的“能动性”福利，都是为了获得民众，特别是老年群体大力的政治支持。所以，在世界发达国家社会福利制度建设的过程中，政党政治发挥了功不可没的历史作用。我们既能发现政党政治对福利制度的确立与福利国家的形成所产生的深刻影响，也能看到政党政治中因福利制度的成败所折射出的政党命运的兴与衰。这对中国共产党的政党政治有启迪作用。中国共产党的初心就是为人民谋福利、谋幸福，党的十九大提出“不忘初心、牢记使命”，就是要求党员干部要有“为中国人民谋幸福，为中华民族谋复兴”，为党和国家谋长远、谋强盛的意识和信念，要有担当精神。使每个老人老有所依，有一个有尊严、有基本保障的晚年也是我们党的初心和使命，也是责任担当的具体体现。责任不是空洞的、抽象的，而是具体的、实实在在的。我国养老保险三大支柱②，其中两大支柱与政府责任有关，这也是具体体现。

总之，以人的基本需要为基础，以人民为中心的发展理念和中国共产党的责任担当，是政府承担养老福利责任的道德理据，因为养老需要建立在某种价值、规范和责任理念的基础之上。

（二）家庭养老的困境——政府养老福利责任的现实要求

1. 儒家伦理文化与家庭养老

中国传统文化以儒家伦理文化为代表，儒家伦理文化对中国的政治、经济、社会等领域产生了重大的影响，也对当今我国社会福利政策及制度的制

① ［美］罗伯特·C·埃里克森：《无需法律的秩序——邻人如何解决纠纷》，苏力译，中国政法大学出版社2003年版，第208页。

② 法律强制的公共养老金，企业个人共同缴费的职业养老金计划，个人养老储蓄计划。

定有着重要的影响。儒家文化具有尊敬老人、孝敬父母、爱护兄弟、注重集体、忠诚尽责、避免矛盾、热衷教育等诸多特点，同时儒家文化也强调家庭成员间的纽带关系、家长之权威及家族的延续和继承等。所以“家本位”文化，“孝”“家庭中心主义”和共同体意识可以说是儒家文化的重要内容。

家庭作为社会的基本单位，是最核心的价值观得以传播的源泉。家庭中人们的双向关系随年龄、性别、权威、地位和等级而有所区别。人际双向交往的互惠原则界定着家庭内部的各种关系。人类基本生存环境中最重要的差距，大概就包括年龄和性别，这二者在家庭中被纳入持续不断的亲切关怀之情的交流。家庭中心主义认为家庭是构成社会的基本单位，家庭比任何社会团体都要重要，个人不能独立于家庭，家庭内部关系是依据上下序列关系而形成的，而这种人际关系的原理也扩大到外部的社会组织中。所以只有先“齐家”，才能治国平天下。

在家庭关系中，父母与子女的关系处于至上地位。“孝”是以家庭为中心孝敬父母的一种观念。在中国，把“孝”视为对长辈应尽的义务和奉献的人伦原则。“孝”无法用数量来确定，也不是单纯地意味着对父母的付出的回报，但报答父母的恩德很重要。子女从出生的瞬间开始就得到父母的恩德，所以就应该无条件地尊敬父母，因此子女对父母的赡养和支援也是理所应当的。《礼记》中将实行“孝”的方法分成了三种进行叙述：第一，最大的孝道就是尊敬父母，对父母有恭敬心，时刻怀着对父母的感激之心的“尊亲”；第二，不辱骂父母的“不辱”；第三，诚心实意地照顾父母，在物质上尽心奉养父母的“能养”。其中“能养”更详细地说就是给父母提供好的衣食住行的条件。所以，“能养”或“赡养”父母是孝的具体体现，对父母的赡养是子女应尽的义务，也是“孝”的方式之一。

所以，以儒家思想为基础的中国传统社会的家庭主义文化为中国家庭养老赋予了合理性与正当性。这种以儒家思想为基础的家庭主义价值观不是将父母和子女分成个体来看待，而是将其视为统一的整体。对父母的赡养被当成子女理所当然的义务。所以，尽管养老模式不少，但从我们实际的调查和访谈来看，家庭养老依然是中国大部分老人选择的养老方式，家庭养老是指由家庭成员承担养老责任的文化模式和运作方式的总称，主要是通过家庭内部积累和代际养老来满足老年人的基本生活，受我国“家本位”和“孝”等传统文化的影响，赡养老人是我国家庭活动的重要内容之一，家庭养老也一直是现实中中国老人最主要的养老方式。不仅如此，在法律上也对家庭养老作出了规定。1996 年 8 月 29 日，我国第一部明确规定公民养老权保护的《中华人民共和国老年人权益保障法》经第八届全国人大常委会审议通过，明确规定了家庭在养老方面必须承担的法定责任和义务。《中华人民共和国老年人权益保障法》颁布以来，共经历五次修改，至今仍在不断完善之中，2018 年的《中华人民共和国老年人权益保障法》第十四条明确指出："赡养人应当履行对老年人经济上供养、生活上照料和精神上慰藉的义务，照顾老年人的特殊需要。赡养人是指老年人的子女以及其他依法负有赡养义务的人。赡养人的配偶应当协助赡养人履行赡养义务。"

但是随着社会的变迁和快速发展，老年人寿命的延长，家庭结构的变化，一直以来被认为是理所当然的家庭赡养的规范性基础也在悄然发生变化。产业结构的变化、家庭收入的不稳定、女性劳动市场参与的增加、养育成本的居高不下、老龄化等人口结构的变化等，都会影响子女对父母赡养方式的变化，甚至出现"不是按照过去传统性的规定和义务赡养父母，而是以相互之间资源交换为目的而形成赡养关系的现象"①。家庭养老面临严峻挑战。

2. 家庭养老面临的现实困境

目前中国家庭养老面临的严峻问题主要表现在以下几个方面。首先，家庭小型化。中国家庭规模在过去几十年间迅速小型化，国家统计局数据显示：2016 年我国二人户家庭占总户数的比例已达到 25.70%，而在 2002 年，这一数字为 18.40%。家庭结构小型化已成趋势。第七次全国人口普查显示我国平均每个家庭户人口仅为 2.62②，已是世界上平均家庭规模最小的国家之一。4 个老人、2 个中年夫妻加 1 个子女的"421"式家庭模式已经是普遍现象。2 个年轻人在抚育子女的同时再承担 4 个老人的家庭养老无论从物质上还是精神上都明显力不从心。导致目前这种家庭模式的是我国的一胎政策。③"只生一个好，政府来养老"，这是我国政府一胎计划生育政策时的口号。从 1982 年我国把计划生育作为基本国策，到 2016 年 1 月起生育二孩合法，在这长达 34 年的历史进程中，数以千万计的家庭响应国家号召，如今独生子女家庭群

① 彭华民主编：《东亚福利：福利责任与福利提供》，中国社会科学出版社 2014 年版，第 160 页。

② 参见《第七次全国人口普查数据结果十大看点》，http://www.gov.cn/xinwen/2021-05-11/content-5605879.htm。

③ 参见韩克庆、黄建忠、曾湘泉《中美社会福利比较》，山东人民出版社 2012 年版，第 190 页。

体已逐步迈入老龄化阶段，如果这一群体老无所养将是政府的失信。“有计划生育，就应有计划养老”，政府要信守承诺，尽快完善与计划生育政策相配套、相适应的养老政策体系。

其次，家庭少子化。少子化这个词来源于日语，最直白的意思就是孩子太少而且越来越少。根据第七次全国人口普查，中国 2010 年 0—14 岁人口总量为 25338 万人，约占全国人口的 17.95%。根据人口学统计标准，一个社会儿童人口占比 15%—18% 为“严重少子化”，15% 以内为“超少子化”。很多专家断言，我国已经进入“少子化”阶段。[①] 在未来 10 年，中国 23—28 岁的生育旺盛期女性的数量将萎缩 44.30%，如果生育率没有明显提升，0—14 岁人口占总人口的比例将降至 10% 以下，比“超少子化”水平还要低一大截。还要值得注意的是，从 1982 年到 2016 年的 34 年里，中国目前已有独生子女 1.76 亿，随着第一代独生子女进入育龄期，这一比例还会迅速攀升。据统计，2015 年中国独生子女家庭的比例占整个中国家庭的百分比在城市是 70%，在农村是 30%。不仅如此，根据国家统计局发布的《中国统计年鉴 2021》：2020 年我国人口出生率已经跌破 1%，人口出生率仅为 0.85%，成为 43 年以来人口出生率的最低纪录。二孩政策也没能阻止新生儿人口数量的下降。一个数据更令人惊诧：“2021 年 1 月 1 日上海新生儿仅仅 27 个同比 1990 年当日少了 100 倍!”[②] 人口学教授、老龄化问题专家穆光宗指出，生育率快速下降所导致的未富先老和未备而老，特别是独子老龄化和无后老龄化所带来的“孤独终老”问题，将给社会带来严重的后果。人口老龄化，家庭少子化，“头重脚轻”趋势加剧。

最后，人口流动带来的家庭空巢化。家庭空巢化一般是指家庭中因子女外出工作学习老人独居的一种现象。目前，我国空巢老人和独居老人已经达 1.18 亿人。我国老年空巢家庭率已达 50% 以上，大中城市高达 70%。空巢老人和独居老人有很大一部分与人口流动有关。人口流动是指“人们超过一定时间长度、跨越一定空间范围的空间位移过程”[③]，“城市网络中人口城—城

---

① 参见《少子化时代来临对每个家庭意味着什么?》，http://news.sina.com.cn/c/p/2011-06-22/020422682609.shtml。

② 《2021 年 1 月 1 日上海新生儿仅仅 27 个同比 1990 年当日少了 100 倍!》，https://weibo.com/ttarticle/p/show?id=2309634602618432585752。

③ 段成荣、杨舸、马学阳：《中国人口流动研究》，中国人口出版社 2012 年版，第 9—18 页。

间的迁移流动，是发达后工业社会时期最为显著的人口移动现象”①。随着中国经济的发展，人口流动规模不断加大，据第七次全国人口普查统计我国流动人口达3.76亿人。②

当前中国日益频繁的人口流动正冲击和改变着城市老人的养老条件，致使家庭负担养老的问题更为突出。由人口流动“家庭空巢化”带来的“照料不周”主要表现在：长时间、远距离的地理间隔，使城市老人生活资源的可获得性大大降低。城市子女外出务工、求学，拉大了与父母地域上的距离，引发的是生活照料成本及难度的增加，在高额的交通成本和有限的时间等客观条件的制约下，子女“常回家看看”的可能性大大削减，更不用说经常为父母提供如生活起居、家务卫生、家用购置等日常生活方面的照料。分居两地必然导致“远水救不了近火”，在老人突发疾病或意外受伤时，子女所能提供的照料时长和质量相当有限，大大加剧了养老风险。异地生存的紧张节奏和不稳定性使外流子女“自顾不暇”，子代与亲代间的相互联系锐减，外流子女更多的是通过物质来补偿对老人生活照料的缺失，城市中大多数老人有自己的退休金，在经济方面对子女的期待并不大，更多需要的是来自子女的照护和情感交流。农村老人无论是经济上还是精神上都很缺乏。人口流动使城市老人所能获得的生活照料资源和质量的下降，在一定程度上弱化了家庭养老功能。2020年接连发生的城市保姆闷死老人、农村儿子活埋亲妈、云南“孝子”勒死父亲的极端典型案例，进一步说明了家庭养老的困境。

总之，人口老龄化是在社会发展的大背景下不可避免和无法抗拒的社会事实。无论是西方发达国家，还是日本、韩国都面临着老龄化问题，而且有的比我们更严重。每个人都有退出历史舞台的时候。退休、养老，是最基本的人权，是人的生存权在年老时的实现，或者说是人在年老时的生存权。由于人到年老时不能继续劳动并靠劳动获得生活资料，就只能靠自己过去的积蓄和退休金养老，所以养老福利对于老年人尤为重要。一个国家以什么样的姿态对待老年人，对待这些退出历史舞台却曾为社会作出过贡献的长者，是否制定出相应的政策、制度来对他们施以人文关怀，从侧面反映这个社会和

---

① W. Zelinsky，The Hypothesis of the Mobility Transition，*Geographical Review* Vol. 2，1971。

② 参见《第七次全国人口普查数据公布，我国流动人口3.76亿人》，https://baijiahao.baidu.com/s?id=1699460539023119164&wfr=spider&for=pc。

国家是否有真正以人为本的理念和情怀。妥善安排、合理规划来解决现在及未来人口老龄化及养老问题，是一个社会文明与进步的重要标志，主动适应和正确消解人口老龄化带来的各种复杂问题和不利因素，将会对一个国家的政治、经济、文化等诸多领域产生积极而深远的影响。现代文明社会，现代的国家和政府，必须以政府和社会的力量，来保障老年人的生存权利。这也是现代社会福利和社会保障制度的起源和本质。

3. 调整养老伦理观念以适应社会发展

为应对老龄化社会，中国政府之前作出了一系列安排，但目前来看这些安排可能还是赶不上我国老龄化的速度。因为国家为老龄化社会服务所做准备的时间非常短促，和西方国家几十年甚至上百年的时间相比，我们的老龄化进程太快了。因此，我们面临的养老事业是非常艰巨的，需要在政府主导下各个方面共同努力。其中，老年人适当调整自己的养老观念以适应社会的发展也很重要。

所谓养老观念，“一般是指对老人及养老的看法、养老责任认知及养老内容与养老方式的选择”①。所以，老人的养老观念就是老人对养老责任、养老内容和养老方式等的看法和认知。

首先，要调整“养儿防老”观念，尝试多种养老模式。目前我国养老模式主要集中于家庭养老、社区养老和机构养老。据统计，我国的养老模式是“90—7—3”，即 90% 家庭养老，7% 社区养老，3% 机构养老。可见家庭养老模式在我国仍然有着深厚的观念基础。尊老敬老，“养儿防老”一直是中国传统家庭伦理的重要内容；而赡养父母、善待长者在中国传统文化中也一直是天经地义的。从历史发展看，养儿防老是农业文明的基本社会结构。在农业时代，劳动力对一个普通家庭而言就意味着一切。更多的男性劳动力，意味着可以分到更多的耕田，从而也能够产出更多的粮食，获得更多的收入来源。而更多的男性同时也就意味着更多的选择。例如有的种田，有的做手工艺，有的读书等，把风险分散，获取更多的家庭发展方向。子女尤其是男丁是家庭生存与发展的关键性资源。

然而随着时代的发展，社会环境的变迁和家庭结构的改变，这一观念也

① 朱海龙、欧阳盼：《中国人养老观念的转变与思考》，《湖南师范大学社会科学学报》2015 年第 1 期。

需要随之有所调整或改变。一方面，仍然要强调家庭子女的养老主体责任，子女在情感慰藉、精神交流和经济财力支持上仍然起着重要的作用；另一方面，也要看到由于社会竞争、生活压力等因素子女在养老实践中会面临“有心无力”的客观实际困难。所以老人调整“养儿防老”观念，不要完全依赖子女，适当接受社会辅助支持系统的帮助，让子女既承担起一定的养老责任，又不至于“拖累”他们是较好的选择。当然，就目前来看，想完全转变为欧美成熟国家的机构养老模式既不现实，也不符合中国国情。实践证明，在中国传统文化基础上的家庭养老和社区养老、机构养老相结合的模式可能是最适合当下我国国情的新型养老模式，介于“家”和“社区”或“养老机构”之间，如家庭养老领域的医养结合模式、“社区卫生服务机构+老年人日间照料中心”型模式、社区老年食堂等。这些模式虽然还说不上完美，但能使老人不离家，在有家人、有熟悉的邻居朋友陪伴的居住环境生活，符合他们的习惯和观念，既可以减轻家庭照料的负担，也可以使老年人与社会网络紧密相连，不失为当下较好的养老方式。

其次，要调整对“孝”的传统认知，“孝”不等于必须住在一起。“百善孝为先”，“孝，德之本也”。传统的“孝”中一个很重要的内容是“父母在，不远游”，最好是“四世同堂”，为父母长辈养老送终。但现代社会的发展使这种观念也需作出调整和改变。家庭养老固然好，但对于没有条件实现家庭养老或者不能实现家庭养老的老人，如“高龄老人”、“三无老人”、失能老人等，这些老人能自愿到各种老年公寓、敬老院、托老所等机构养老不失为一种正常的养老方式，也是老年生活方式的一种正常的和合理的选择。不要将家庭养老作为一种不可变更的养老模式，同时也不能将老人到养老机构养老看作子女不孝顺的表现，“孝”不等于必须住在一起。老年公寓里的老人未必就不幸福，送老人去养老机构的子女也未必就不孝。只要他们时时刻刻关心着自己的父母，能经常探望并嘘寒问暖，能满足父母的各方面需求，即使没住在一起，父母也是能接受和满足的。虽然养老院养老模式在我国民众观念中的接受程度还有待提高，但是在其他养老模式难以满足我国养老实践的现实需求时，养老机构在我国的养老实践中依然可以发挥重要作用。随着现代化进程的不断推进，青年人和老年人对养老院养老模式的接受程度已经出现了一定程度的提高。因此，对于没有条件实现家庭养老或者不能实现家庭养老的老人，养老机构可以为他们的养老提供一个比较理想的缓冲地带。清华大学和盖勒普调查公司的一项调查显示，近一半的老人表示自己在需要的时候愿意搬到养老院养老，笔者身边也有不少老人是自己选择了比较满意的养老院养老。但目前养老院还无法为那么多的老人提供长期的照料。尤其是我国有近4000万失能老人，其中几百万是严重失能老人，我国现在只能提供80多万张床位，严重不足。在大部分的农村区域里，养老的社会保障机制和设施依然是缺乏的。所以，国家加强养老机构尤其是农村养老机构建设也很重要。

最后，老人还要有自我养老的意识和能力。随着卫生条件的改善、医疗保障水平的提高和养老保险的不断普及，城镇大多数退休或离休老年人已经具备了自我养老的基本条件和能力。因此，提高老年人的自我养老的意识和能力，使老年人从依赖型养老转变为自主型养老将会有利于我国养老体系的良性发展。所以，现在正要步入老年或刚刚步入老年的老年人，逐步要有一定的自我养老意识，要有风险保障意识，有财富管理、养老规划意识，在步入老年之前或老龄化之前规划好自己的养老方式或养老计划，知道当你老去的时候，是否有足够可支配的资金和稳定的养老物质支持，使自己有更多的自由与选择，而不用依赖仍然在奋斗努力的子女。

2022年1月10日《“十四五”公共服务规划》（以下简称《规划》）发布，相比“十三五”时期的基本公共服务规划，（《“十四五”公共服务规划》）中的养老服务的内容篇幅大幅增加，系统性进一步提升，引领性也进一步增强。对兜底性养老服务、普惠性养老服务和生活性养老服务进行了分类指导。《规划》还重点加强失能老人长期照护的服务和保障，创新居家社区机构的养老服务模式，满足老人的多样化需求。这是国家实施的积极应对人口老龄化，加强民生建设的又一战略举措。

三　平等问题是中国养老福利的关键

（一）平等与养老平等①

平等是当今社会非常重要的理念和基本的价值取向，也是正义的首要理念依据。法国思想家皮埃尔·勒鲁（Pierre Leroux）说：“平等是唯一的合理

① 内容引自本人著作《分配正义与转型期弱势群体研究》，中央编译出版社2016年版，第54—56页。

原则和唯一的正义标准。”①

平等的基本含义是作为社会主体都能获得同等的对待。平等可分为形式平等和实质平等。所谓形式平等，就是不考虑主体本身自然的和社会的、历史的和现实的具体差异而通用同一评价标准，也就是无差别地同等对待，对所有人“一视同仁”。所谓实质平等，则是考虑主体各自的主客观差异，相应地适用差别性的评价标准，“不同的人不同对待”，也就是有差别地不同等对待。由此可见，平等与差别对待可以有条件地共存。从人的共性和特殊性角度来看，一方面，人与人之间在人格和主体资格上的普遍平等是绝对的；另一方面，由于人与人之间确实存在着自然的和社会的、主观的和客观的差异，因此，对具有各种差别的人给予权利、义务方面的差别对待也是合理的，这有助于实质平等的实现。

现代平等理论鼻祖卢梭提出平等是人的一项基本权利。他说：“社会公约在公民之间确立了这样一种平等，以致他们大家都遵守同样的条件并且全部应该享有同样的权利。”② 法国《人权宣言》也指出：“平等就是人人能够享有相同的权利。”这里的权利是指基本权利。所谓基本权利，是指人们为生存与发展而必需的、起码的、最低限度和最为根本的权利，是帮助人们实现经济、政治、文化等方面最基本诉求的权利。因此，“平等，主要是指这样一种普遍的期待和取向：社会成员应当拥有相同的基本权利，社会成员的基本尊严应当得到一视同仁的保护，社会成员在融入社会生活以及寻求自身发展时应当得到无差别的基本平台”③。现代平等要求“从人的这种共同特性中，从人就他们是人而言的这种平等中引申出这样的要求：一切人，或至少是一个国家的一切公民，或一个社会的一切成员，都应当有平等的政治地位和社会地位”④。因此，平等理念精神的宗旨在于维护个体人的基本尊严，即为个体人的基本生活和正常发展提供最基本的保障。

平等这一理念体现了作为个体的人的基本贡献和种属尊严，确认了每个社会成员的基本权利，保证着每个人发展的基本机会，划定了正义原则的基本底线。之所以每个人都应该完全平等地享有基本权利的依据在于：社会是

① ［法］皮埃尔·勒鲁：《论平等》，商务印书馆 1996 年版，第 61 页。
② ［法］卢梭：《论政治经济学》，王运成译商务印书馆 1962 年版，第 9 页。
③ 吴忠民：《平等的特征及畸形化平等》，《当代世界社会主义问题》2012 年第 2 期。
④ 《马克思恩格斯选集》第 3 卷，人民出版社 2012 年版，第 480 页。

每个人的结合，是每个人所结成的大集体，每个人都是缔结、创建社会的一个成员，人类社会之所以能够存在，离不开作为个体的人的贡献。因而每个人只要在社会中生存，就必然为他人、为社会作出贡献，即缔结、创建社会。故而，个人具体的贡献无论大小，其作为一个人类社会的基本成员，理应享有作为一个人所应得的基本保障：即获得其生存与发展必需的、最起码的权利——基本权利。同时，不仅应确保社会成员享有基本权利，而且应使其完全平等地分享基本权利。尽管每个人才能有大小、品德有高低、贡献有多少，但正如前文所述，在为缔结、创建社会作出最基本且最重要的贡献方面我们应对其一视同仁。因此，“社会并未白送给人们什么。每个人都是社会的一个股东，从而有权支配股本”①。《世界人权宣言》也指出：“人人生而自由，在尊严和权利上一律平等。他们赋有理性和良心，并应以兄弟关系的精神相对待……人人有资格享受本宣言所载的一切权利和自由，不分种族、肤色、性别、语言、宗教、政治或其他见解、国籍或社会出身、财产、出生或其他身份等任何区别。”②

然而，在我国，养老不平等的问题依然存在且明显。城乡之间、地区之间、行业之间的养老金差距现实而具体。一个小事例就很能说明问题。全国31个省、自治区、直辖市推出的80岁以上老人高龄津贴制度，各个地区补贴差异很大。北京是100元，深圳是200元，重庆市最高的区是50元，最少的区仅有25元。25元对于80岁的老人无论从物质上还是精神上帮助都不大。如果80岁的老人能在古稀之年享受到来自政府普惠的、统一的高龄津贴福利，对他们晚年应该是一个莫大的安慰，也能带给他们更多的安全感。

（二）改变养老福利不平衡的伦理诉求

2000年以来，中国加快了老年人社会福利的建设工作。在福利服务方面，2001年民政部在全国启动了“社区养老服务星光计划”，着力实施城乡社区老年人福利设施建设。社区家庭养老模式逐渐兴起并在城市地区得到快速推广。2006年2月，全国老龄办等10个部门下发了《关于加快发展养老服务业意见的通知》，将发展社会养老服务机构、居家老人服务、老年护理等业务作为养老服务的工作重点。2013年9月，国务院出台《关于加快发展养老服务

---

① ［美］托马斯·潘恩：《潘恩选集》，马清槐译，商务印书馆1963年版，第143页。

② 冯林：《中国公民人权读本》，经济日报出版社1998年版。

业的若干意见》，围绕健全养老服务体系，促进养老服务业发展作出了总体部署。

经过多年的建设与发展，目前我国已经初步构建起了以居家为基础、社区为依托、机构为补充、医养相结合的社会养老服务体系。2018 年修订后的《中华人民共和国老年人权益保障法》中，明确国家鼓励地方建立 80 周岁以上低收入老年人高龄津贴制度。在该背景之下，全国各地根据中央政策陆续出台了高龄津贴制度，高龄津贴制度在全国范围内逐步建立起来。到 2018 年，各省均已建立高龄津贴制度①，越来越多的高龄老人享受到了老年津贴这一福利制度。可见我国政府已经意识到老龄化问题的重要性，加快了老年福利建设的步伐。

参照国际上已经形成的三种养老福利模型：以国家为主的普惠制基本养老制度、以企业为主的劳动权利型养老保险制度、以个人为主的储蓄型养老保险制度，我国居民在养老平等性上的基本诉求可归纳如下。首先，实行普惠制基本养老福利，解决"有"与"无"。这也就是民间呼声很高的"免费养老"（与"免费医疗""免费教育"构成最基本的社会保障）。具体含义是指，由国家财政拨款支付给所有年满 60 周岁的公民一笔可以维持基本生存需要的养老金②，此项全民基本养老金，受益最大的是目前没有或者只有少量养老金的农民、家庭妇女、残疾人等没有计入劳动法意义上的"劳动者"的庞大人群，可以成功地解决目前我国养老领域存在的最严重的不平等问题，即"有"与"无"的问题。民政部近日印发的《最低生活保障审核确认办法》提出，最低生活保障将不再区分城乡③，这是个非常积极的信号。

其次，改变农民工与城镇企业职工养老双轨制。中国的农民工为改革开放和社会经济的快速发展作出了巨大的贡献。但中国的农民工身份一直非常尴尬，他们的社会福利一直没有被当作正式的企业工人对待。所以他们老了以后（第一代农民工已经老了），养老金的双轨制使他们和城镇企业职工养老

① 参见甘贝贝《所有省份建立高龄津贴制度》，《健康报》2019 年 1 月 10 日。

② 有人提出：按目前物价水平，在城乡最低生活保障标准（534 元）的基础上，可提高到每月 1000 元左右，以 2017 年 2.41 亿老年人计算，此笔基本养老金支出约为 2.9 万亿元。

③ 民政部近日印发的《最低生活保障审核确认办法》删除了有关城市低保、农村低保的概念，所有规定不再区分城乡，统一规范为"最低生活保障"。民政部相关负责人表示，下一步将指导地方逐步减少低保工作的城乡差异，推动低保制度城乡统筹发展。https://www.163.com/dy/article/GG28ANRK05524ONC.html。

金存在不小的差别，使养老福利的不平等非常明显。要获取平等的养老金就应使农民工和城镇企业职工养老金制度并轨，他们的养老金可由以下几部分组成：一是国家基本养老金；二是由企业和个人缴费形成的养老金，目前缴费率相当于工资的28%，因为已经享受了基本养老金，缴费比例应该降低，腾出的部分作为专项的社会保险税，充实国家社保基金；三是企业补充养老保险；四是个人商业保险。这样，在目前阶段，在缺乏第三、四项的情况下，无论是退休的农民工还是城镇职工，至少都可以获得由国家统一支付的基本养老金与企业和个人缴费形成的养老金。近日，在中央召开的政治局会议上，又进一步明确强调要推进基本养老保险全国统筹①，这对打破养老双轨制有推进作用。

再次，消除企业职工与机关事业单位工作人员养老双轨制。目前我国机关事业单位工作人员与企业职工养老金差距比较明显。应实行机关事业单位工作人员与企业职工养老并轨。并轨的两个要点：一是机关事业单位和个人要缴纳与企业相同比例的养老保险费；二是机关事业单位工作人员与企业职工按同样的替代率领取养老金。最终实现政府公务员与企业员工的退休养老金相差不大。

最后，破除利益固化的藩篱，消除养老特权问题。从以往对社会的历史性贡献来说，高级干部有高于一般人的养老金，正如他们有高于一般人的工资一样，是可以被民众理解和接受的，但退休后的高级干部作为普通的社会成员，遵守同样的养老制度和养老法规也是他们的义务。当然，这将是一个渐进和艰巨的过程。

公平正义是全社会的共识，所谓公平正义，就包括了幼有所育、学有所教、劳有所得、病有所医、老有所养、住有所居、弱有所扶。然而，在“十四五”规划到来之际，养老的不平衡、多轨制、等级制等问题，在中国依然严峻。随着老龄化时代的到来，这些问题的解决显然已经刻不容缓。我们有理由相信，随着改革的深入，我们会“不忘初心、牢记使命”，冲破利益固化藩篱，有效地解决好养老的平等问题，真正实现全社会的“老有所养”。当然，这需要充分的公共讨论。值得欣慰的是，两部委（人力资源和社会保障

---

① 参见中共中央政治局《推进基本养老保险全国统筹》，https://baijiahao.baidu.com/s?id=1706697925802405588&wfr=spider&for=pc。

部、财政部）发布的《关于2022年调整退休人员基本养老金的通知》中明确地提到“定额调整”原则和“适当倾斜”原则。“定额调整”即同一地区各类退休人员调整标准一致，体现社会公平；“适当倾斜”主要是对高龄退休人员和艰苦边远地区退休人员等群体予以照顾，体现重点关怀。这无疑是朝着问题解决的方向又推进了一步。

第二节　比较视域下中国医疗福利的伦理考量①

医疗福利是社会福利的重要内容之一。笔者在对我国医疗福利伦理进行研究的同时，也对西方国家的医疗福利制度进行了一定的探究，尤其对新西兰的医疗福利制度作了为期几年的较为深入的体验式考察。新西兰这样一个领土不大、人口不多的岛国，其医疗水平为什么能在世界名列前茅？本节在介绍新西兰医疗福利现状、分析新西兰医疗福利伦理特质的基础上，就后疫情时代如何推进我国医疗福利伦理建设进行分析和探讨。

美国联邦基金（The Commonwealth Fund）2017年曾发布了一项旨在针对全世界发达国家医疗水平的调查。该调查主要涉及护理过程、准入门槛、行政效率、医疗公平以及保健结果五个领域。参与调查的11个发达国家分别为（按照排名顺序）：1. 英国，2. 澳大利亚，3. 荷兰，4. 新西兰，5. 挪威，6. 瑞士，7. 瑞典，8. 德国，9. 加拿大，10. 法国，11. 美国。在对多项指标进行综合考量之后，新西兰在这11个高收入国家中排名第四，仅次于英国、澳大利亚与荷兰。2021年，EIU指数对全球140个城市的稳定性、医疗保健、教育、文化和环境以及基础设施五方面进行了比较：新西兰最大城市奥克兰以稳定性获得95分，医疗保健获得95.80的高分在疫情后首次登顶全球最宜居城市。

新西兰这样一个领土不大、人口不多的岛国，其医疗水平为什么能在世界名列前茅？笔者在对我国医疗福利伦理进行研究的同时，也对西方国家的医疗福利制度进行了一定的探究，尤其对新西兰的医疗福利制度进行了为期几年较为深入的体验式考察。因此，笔者想在对新西兰医疗福利的介绍和比较中来探讨医疗福利伦理这一论题。

① 本节内容以《新西兰医疗福利伦理实践及其对我国医疗福利伦理建设的启示》为题，发表于《云梦学刊》2021年第11期。

一　新西兰医疗保障福利概览

新西兰的医疗体系是层级化和多样化的。主要由家庭医生（相当于中国的社区医生）、校医、急诊、公立医院、私人医院和专家诊所等构成。我们可从新西兰的医疗体系来大致了解新西兰的医疗福利。

1. 家庭医生（全科医生）

家庭医生（General Practioner）简称 GP。新西兰人看病一般是就近原则，生病了会选择去住家附近的社区医院看病，而家庭医生则大多在社区医院工作。新西兰家庭医生都是全科医生，他们会对各类疾病进行初步诊断，对于可以在诊所处理的病情，就直接看病开药，病人照处方去药店买药服用就可以了。对于病情比较严重，需要进一步治疗的患者或需要住院、需要手术的病人，家庭医生会把他转到当地的“综合医院”或“专科医院”治疗，这样就能够对病人进行合理“分流”，有效地配置医疗资源，避免大病小病都去“大医院”治疗。新西兰的综合医院有公立和私立之分，作为社会福利的公立医院是免费的，而私立医院的诊疗费和住院费都要患者自己承担，所以一般需另买医疗保险。

2. 公立或专科医院

新西兰的医疗服务以公立为主。大部分的医疗机构都是政府买单。政府提供的公费医疗主要包括在公立医院看门诊、各类检查和买药时获得政府补贴，免费的母婴保健和预防免疫等公共卫生服务几大类。具体来说在新西兰，公费医疗福利包括以下几个方面。

第一，获得免费的医疗服务。新西兰公费医疗福利包括完全免费和政府补贴两部分。完全免费的医疗服务包括在急诊中心、专科门诊看病和在住院部住院治疗，在医院内进行的各种影像检查和医学化验检查等。不仅如此，病人的护理费用及一日三餐也是免费的。也就是说一旦病人住院，就全权交由医院负责和照顾，病人的吃喝拉撒都由医院照顾且是全程免费的，不用病人亲属到医院陪护，亲属到医院探望病人吃饭也可免费。如果病人需要进一步看专科医生，需由家庭医生确认并通过他转诊到公立医院的专科门诊。

第二，政府对家庭医生门诊费和化验检查费实行补贴。在新西兰，家庭医生诊所和医疗中心多数属于私营医疗机构。病人去医生诊所看病的诊疗费，也就是我们所说的挂号费，不属于公共医疗的范围，需要病人自己支付，一般需 80 新西兰元。但如果居民加入了新西兰公费医疗系统，看病后就可获得政府提供的诊疗费补贴，诊疗费只需19新西兰元，余下的由政府补贴给家庭医生，低收入和弱势群体可获得更多政府补贴，儿童（13岁以下）看病全免费。每个居民要选择一家家庭医生诊所登记为新西兰初级卫生机构组织的会员，才可以在看病时得到补贴。如果病人需做化验检查，化验检查费用也由政府补贴，患者不必付费。

第三，药品补贴。新西兰药品有处方药和非处方药之分。非处方药如一般的头疼、咳嗽等可以直接到当地药店或者超市买到，这是没有政府补贴的。而想购买由政府补贴的处方药须持有医生开具的处方才行。如果医生开出处方，在药房买药时每种处方药自己只需支付5新西兰元，其余的药费由政府补贴，且13岁以下儿童的处方药是全免费的。需要注意的是，不是所有的处方药都有补贴的，只有列在政府药品清单上的处方药才可以得到补贴，非补贴清单上的药品还是需要病人全额自费购买的，这与我国有可以报销的药品和不能报销的自费药品相似，只不过一般我们的自费药品都是较贵的进口药品，而新西兰的自费药品一般是稀少病例的药品。新西兰的药房遍布城市各区域，包括大型药房特许经营以及独立和在线服务。大多数西方药物在新西兰药房都有售。

第四，免费的母婴保健服务。这是有新西兰特色的医疗福利。新西兰的妇女不仅可以获得定期的免费乳房和子宫颈等妇科检查，而且只要具有公费医疗资格的新西兰居民或者其配偶，都可得到免费的母婴保健“一条龙”服务，包括怀孕前后的各项检查、生产、新生儿护理和随访等。具体程序是，孕妇在确诊怀孕后，可选择一位主管孕妇保健员或专科医生负责怀孕生产的全过程。孕妇可选择在家或医院进行生产，保健员会负责包括产前检查、助产、产后对母婴进行跟踪检查等，还包括生产后的4—6周进行定期家访，为新生儿做检查、指导母亲如何母乳喂养以及其他相关的问题。这些都属于公费医疗免费服务。当然，如果有人想选择私人医生或私人医院生产是完全可以的，只是需自己支付相关的医疗费用。不仅如此，每个新生儿第一年可获得每月240新西兰元的政府补贴。此外，从2021年6月起，新西兰所有在校女生（小学和中学）经期的卫生巾也由政府免费提供。

第五，急诊。急诊室是新西兰公立医院处理所有急病和意外病人之地，急诊部的医生24小时值班，对新西兰居民是全免费的，所以不会出现急诊没钱看不了病的情况。当然，由于公立医院急诊门诊有限，所以并不是所有来看急诊的病人都能马上得到治疗，医护人员要根据轻重缓急，优先处理那些随时可能会有生命危险的危重病人，如果病情不是特别危急严重，仍然要排队等候就诊，有时候可能等上好几个小时都是正常的。病人还可以到“意外和医疗中心”就诊，也可以拨打111叫救护车，这些都是免费的。

第六，低收入者和儿童的免费基础牙科医疗服务。据笔者所知，牙科在任何福利国家都是自费的，在新西兰也一样。免费公共医疗中不包含看牙科，无论是公立医院还是私立医院，看牙科都是自费的。但新西兰有两个例外：一是政府会为持有社区服务卡的低收入者或生活困难的居民提供免费的基础牙科治疗和牙科急诊治疗；二是18周岁以下的未成年人可以获得较全面的免费基础牙科治疗，包括预防性检查、基本牙科治疗和部分牙科专科治疗，但牙齿清洁美容如洗牙、装牙套等不在免费范围之内。如果由于意外事故造成了牙齿损伤需治疗，则是由意外事故赔偿局（The Accident Compensation Corporation，ACC）负责报销相关费用。

第七，所有人都可以获得ACC意外事故伤害保险。在新西兰，有一个为所有人提供个人伤害保险的职能部门机构，叫意外事故赔偿局。笔者认为，这是对在新西兰境内所有人的最大福利。如果在新西兰境内因意外受伤，无论是在家中跌倒扭伤、因工受伤或是车祸事故等，只要是意外，发生的所有医疗费用如医生门诊、住院手术、X光检查、医学化验、处方药，以及理疗针灸等辅助医疗的医疗费用都将由ACC报销，甚至因意外伤害造成的收入损失，ACC也提供全额报销。所以在新西兰，看到摔倒的老太太，尽管放心地去扶。她的一切医疗费，都会由ACC支付，没人会找你要钱，更不会讹诈你。如果发生了交通意外，也不必因担心付不起事故医疗费用而逃逸，因为ACC也会全额支付这个人的医药费、误工费。如果是你的责任，你最多就是被罚个款而已。

3. 私立医院

新西兰的公费医疗福利对于大部分公民，尤其是没有多余钱买额外商业医疗保险的贫困群体来说确实是非常大的生活保障，它从制度上和政策上为新西兰居民的医疗提供了足够的安全保障和支持。然而近年来，随着健康护理成本的不断攀升，公共医疗系统的压力也越来越大，为了维护公立医院的公平性和保障性，就只能牺牲效率，通过延缓诊治来减轻压力，体现在诊断和治疗非紧急医疗状况的能力方面。比如在手术方面，为了节约医疗资源，手术实行分等级排队，若是病情比较稳定，发展不快，基本不妨碍日常生活的手术，属3、4类，估计手术要排队等候3到4个月。若病情严重危及生命健康，则属 1 类，就会安排马上手术。一般如果不是急诊，都要排队等候，有些手术会被安排在私立医院做，费用由国家承担。

总而言之，由于公立医院公费医疗资源的有限性，导致新西兰的公立医院十分繁忙，排队候诊的病人较多，等待的时间也较长。一些经济条件较好的病人为了避免长时间的等待，就会转到私立医院就诊，私立医院收费较高，但看病及时，不需排队。所以购买医疗保险是家庭医疗计划的一个必备方案，如果有“医疗保险”作后盾，病人到私立医院看病的花费，保险公司可以报销 80% 左右，这样可以大大减少病人自己承担的医疗费用，病人也不用短则几天，长则几个月时间地候诊，也无须担忧长时间的等待会延误病情。当然，购买私人医疗保险费用也较高，一般每年要 3000—5000 新西兰元。

综上可见，不管是分级诊疗的家庭医生、“医药分离”的处方制度还是免费公立医疗，新西兰的医疗体系都有它的特点和不少值得我们学习借鉴的地方，这也是为什么新西兰的医疗，能够长期保持世界领先水平。

二　新西兰医疗福利的伦理特质

从福利伦理的视角，通过考察我们发现，新西兰医疗福利基本上是遵循了福利平等主义的基本理念，但又有以下几个方面的伦理特质。

第一，医疗福利注重平等公益性但也不忽视个性需求。新西兰的医疗体制，与西方其他国家如美国和欧洲国家不同。欧洲国家，尤其是北欧的一些国家，实施的是一个公共医疗体制，这种医疗体制不仅横向覆盖面广，纵向也贯穿人的一生，使个人医疗负担较轻且有保障，平等性很强，但是效率偏低，病人等待时间漫长，医疗资源浪费也严重。而美国，完全实行私有化，医疗水平和效率虽然很高但也很贵，没有医保的穷人大多看不起病。新西兰的医疗体制，笔者认为总体来讲是介于欧洲国家和美国之间，虽然也存在效率不高的问题，但政府在注重医疗公平性，实施普遍平等的公益公共医疗的同时，也充分照顾到私人化、个性化的医疗，是免费的公费医疗和自费的私人医疗保险相结合的医疗保障制度。这就满足了大部分公众基本的普遍公共性需求，也满足了一部分公众的“昂贵性偏好”，兼顾了公平与效率。

第二，政府主导承担公共医疗的责任和义务。公众健康是社会发展的基础，是国家的职责。公共医疗卫生的政府主导特征是把为公民提供医疗卫生保障作为政府的责任和义务，国家有责任为每个公民提供公费医疗福利保障。

新西兰政府不仅为每个公民提供公费医疗福利保障，尤其为患有像癌症、老年痴呆、瘫痪这样的大病的病人提供免费医疗保证，还为所有的生活意外“兜底”。在新西兰如果因伤病临时辍工 8 天以上可得到疾病和伤残津贴。那些由于先天性或偶发事故中永久性致残者（包括盲人在内），都有资格得到伤残津贴。上面提到的新西兰独一无二的意外保障制度，使政府为所有的生活意外“兜底”，这就免去了人们的后顾之忧，更体现了政府对民众的责任担当。在这次肆虐全球的新冠疫情中，无论是免费隔离、免费测试还是全民免费疫苗，都现实地体现了新西兰政府的责任意识。

第三，医疗资源的分配与利用合理、透明。首先，新西兰的分级诊疗制度使医疗资源得以合理利用，避免了过度医疗和医疗不足。新西兰的全科社区家庭医生起到了医疗“把门人”的作用，避免了患者无论大病小病都盲目地到综合医院诊治而造成的对医疗资源的挤兑和浪费。

其次，新西兰解决看病贵的一个重要方法，是实行严格的医药分离制度，即医生和药品销售是独立分开的。医生只管开处方，患者拿着处方可以去各地任何一个药店拿药。这样就阻断了医院通过开昂贵药获取回扣的通道；并且新西兰的药品，大部分都是由政府资助的，一般的处方药，都不会超过 5 新西兰元。13 岁以下的儿童是全额免费的。所以，医院就不可能在用药问题上赚病人的钱，更不会开大处方，乱用药，多用药。

第四，优质的人性化医疗服务和良好的医患关系。优质的人性化医疗服务，医务人员的敬业人道也是新西兰医疗水平能保持世界领先的原因之一。在新西兰病人住院是不允许家属陪同护理的，病人的日常起居护理，包括上厕所、洗澡，全部由医院护士耐心细致地完成。病人住进医院后，就完全信任医生，把一切都交给医生，医生对所有的病人，一视同仁，尽职尽责；即使病人在家里养病，医院也会按时上门提供护理，包括提供为病人洗澡的服务。所以，在新西兰，患者对医生是百分之百地信赖，医患关系优良。更不会出现“医闹”甚至伤害医护人员的情况。即使偶尔出现医疗事故，也是依法处理。

第五，注重医疗福利的垂直公平与水平公平。“垂直公平”和“水平公平”是指支付能力上的公平或卫生筹资公平。垂直公平强调不同支付能力的人要区别对待，即不同支付能力的人支付不同的卫生费用，富人多支付，穷人少支付；水平公平则强调对相同支付能力的人给予同等对待，意味着经济地位和收入水平相同的人，他所支付的医疗费用应该相同。比如，月收入相同的人所缴纳的同种医疗保险费应该是相同的。即医疗费用负担水平与支付能力成正比，富人应该比穷人缴纳更多的医疗费用，承担更大的社会义务。新西兰正是这样做的。

新西兰的医疗福利体系，是与其税收体系、公共服务费用和养老金缴费相对应的。也就是说新西兰的公费医疗和 ACC 制度来源于税收和公共服务费用，取之于民，用之于民。

新西兰的医疗福利遵循了垂直公平和水平公平原则，即不同支付能力的人支付不同的税费，收入越高，缴费越多。收入水平相同的人，支付的税费和医疗费用完全相同，与职业身份没有关系。同时我们也看到，新西兰高水平的医疗福利，是与较高的税收联系在一起的。但不管缴费多少，甚至没交税费的贫困群体，享受的所有福利包括公费医疗福利都是一样的，这就是新西兰福利的互助性和平等性。互助性体现在收入高的缴费，交税多，但享受的福利与低收入的一样，为社会、为他人作贡献多，贫困群体有了基本的生活保障，社会就安定和谐，大家都能安居乐业，为收入高的人也提供了一个良好的社会环境，所以这是相互受益的。

当然，新西兰的医疗福利体系也不是没有缺陷，前面已提到新西兰医疗福利体系中一个较大的不足是公立医院的效率比较低，这跟公立医院的医疗资源有一定关系，相比起中国的门诊和各项医疗检测速度，新西兰确实要慢很多。

三　对我国医疗福利的伦理启示

（一）坚持医疗福利保障的公益性

我国的医疗福利采取的是公费医疗保险制度。目前我国初步建立了面向城镇职工的基本医疗保险、面向农村居民的新型农村合作医疗保险和面向城镇非就业者的城镇居民基本医疗保险以及离休干部医疗保险（这种保险比较特殊，是离休人员和革命伤残军人参加的医保，基本上全额报销），并初步建立了城乡医疗救助体系，多元并存，从制度建设上来说，覆盖全民的医疗保障体系初步形成。但我们现在还只是制度全覆盖，还没能做到保障人人都享受医疗福利。从制度全覆盖到人员全覆盖，从人人享有到人人公平享有，还将有一个过程。在这个过程中，坚持医疗福利的公益性非常重要。只有坚持了医疗福利的公益性这一理念，才能进一步解决我国医疗福利不平衡不充分的问题。正如习近平主席所说，中国社会无论发展到什么程度，我们都“要坚持基本医疗卫生事业的公益性”①。我们不能走全盘市场化、商业化的路子。“公有制主体地位不能动摇……这是保证我国各族人民共享发展成果的制度性保证，也是巩固党的执政地位、坚持我国社会主义制度的重要保证。”②

（二）改变医疗福利保障“碎片化”和“逆向选择”，既要注重“水平公平”，又要注重“垂直公平”

如前所述，“垂直公平”和“水平公平”是指支付能力上遵循相同的人相同对待，不同的人不同对待的原则。收入高的人多支付，收入低的人少支付。具体在医疗福利上就体现在缴纳的各种税费上，在中国则体现在缴纳的医疗保险和报销比例上。从中国现有的三个基本社会医疗保险制度（职工基本医疗保险制度、农村合作医疗保险制度和城镇居民基本医疗保险制度）来看，这三种制度在保险前的筹资水平和保险后的待遇水平上都有不小的差距。机关事业单位正式职工，除了有基本医疗保险外，还有公务员医疗补助，而企业职工则单独设立补充性医疗保险。“这三类人群的社会医疗保险制度筹资额度之比大约为——农民∶城镇居民∶企业职工∶公务员 =1∶2∶10∶20。”③ 职业身份不同的人适用不同的制度，享受不同的医疗保险待遇，且收入越高的人享受的待遇越好，形成了较大的纵向垂直不公平，表明当前我国医疗保障的“碎片化”和“逆向选择”仍然存在，且影响较大。

当然，医疗福利的“碎片化”不只是我们中国才有，事实上，从有限覆盖的碎片化体系到普遍覆盖的一体化体系，无论是欧洲，还是亚洲的日本、韩国都经历了这一过程。“二战”后，欧洲普遍主义的社会计划才开始出现，通过整合，北欧现今已一体化，疾病保险、工伤保险、老年年金、残疾人年金、失业保险等都实行了普遍的标准一致原则，建立了综合的统一费率社会保护福利体系；但南欧如西班牙、希腊等，目前实际上还是碎片化的福利体系。根据它们的经验和我国的实际，笔者认为在中国要解决碎片化和“逆向选择”，必须有国家层面的制度设计和社会目标整合才能解决。因为福利的“碎片化”和“逆向选择”，实际上是等级身份特权和既得

① 习近平：《在教育文化卫生体育领域专家代表座谈会上的讲话》，人民出版社 2020 年版，第 10 页。

② 习近平：《论坚持全面深化改革》，中央文献出版社 2018 年版，第 189 页。

③ 何文炯：《从“人人享有”到“人人公平享有”——社会医疗保险需要解决四大问题》，《中国医疗保险》2012 年第 1 期。

利益集团利益壁垒的表现，打破“碎片化”，就涉及现有利益的重新调整和某些人特权的消失。所以，只有政府且中央政府才能扮演好不同利益群体间的协调者和调解员的角色，才能通过国家强力协调各方利益群体，有足够能力在多个参与者中间实施领导力，整合社会目标，阻止疏离并起到管理和监督作用。因此，尽快制定和实施《中华人民共和国医疗保障法》，是消除医疗福利保障“碎片化”，降低医疗福利的职业关联度和户籍关联度，使城乡居民得到平等的医疗福利待遇，实现医疗卫生福利公平的制度保障和伦理彰显，也是社会监管的法律依据，更是基于以人民为中心，实现社会公平和建设和谐社会的具体内涵。

（三）医疗不足和过度医疗都是道德和制度缺陷

新西兰的分级诊疗，医疗资源的合理利用，严格的医药分离制度，避免了过度医疗和医疗不足，对我们有很好的启迪作用。

目前我国虽对过度医疗进行了治理，但过度医疗在医疗卫生领域并未绝迹。抗生素使用得到严格控制，但开大药方、植入性医疗器械、大型设备重复检查及重症监护等过度医疗仍然存在。过度检查、过度用药、过度诊疗成为过度医疗的突出表现。过度医疗不仅加重病人的经济负担，使“看病贵”，而且还给病人带来隐患，是有违医德的。当然，造成过度医疗现状的原因是复杂的，其中最主要的则是公立医院体制背后补偿机制的不健全和不完善。

医疗卫生资源分配不平衡不充分，是医疗不足的主要原因，也是病人都向大城市、大医院挤的重要原因。虽然我国在 2015 年也推出了分级诊疗制度，“分级诊疗制度实施后卫生资源公平性得到整体改善；卫生机构配置公平性尚需提升；卫生资源配置的地区内差异依旧显著”①。比如很多城市社区都建立了社区医院，但社区医院医疗设施设备不足，全科医生和家庭医生短缺，导致社区基层医疗服务能力不够，不能满足居民的日常需要，有的社区医院甚至常年门可罗雀，这也是一种医疗资源的浪费。

中国目前看似已形成基本医疗保险为主体的多层次医疗保障制度，除基本医疗保险外，还有大病保险、医疗救助托底、商业保险等多种保障形式。尽管如此，我国医疗保障立法却相对滞后，现有的医保法规呈现碎片化，缺

① 王高玲等：《分级诊疗前后我国卫生资源配置公平性对比及时间序列模型预测》，《医学与社会》2020 年第 3 期。

乏全链条监管的法律依据。迄今为止，国家层面上尚无医疗保障的法律或条例，所以尽快制定《中华人民共和国医疗保障法》，完善基本医疗保障制度、保障方式、运行机制和管理办法，从顶层设计上来约束、保障医疗保险工作是当务之急。[①]

（四）注重环境伦理，树立疾病预防优于医治的健康理念

我国近年来加大了环保力度，通过一票否决等在环保上取得了较大进步，但我国因环境污染引发的损害健康问题还是比较严重，在局部地区还相当严峻。虽然我国的平均寿命有了大幅度提高（77.3 岁，2021 年），但据统计，恶性肿瘤发病率、死亡率，育龄人群的不孕不育率，出生缺陷率均呈增长趋势，环境污染对中国人民健康的负面影响已然显现。在一些地区甚至引发了由环境污染导致的健康损害问题群体事件（如癌症村），造成了社会的不稳定。据报道，2020 年中国新增癌症数量和死亡数量都位居世界第一。国内新增癌症患者高达 457 万人，占全世界的 1/4。因为癌症死亡的人数更是高达 300 万，占全球总人数的 1/3。[②] 当然这与我国人口基数大也有关。

张鹏飞博士研究指出："环境污染显著增加了医疗保险支出。"[③] 因此，加强环境保护和食品安全建设，是从源头上预防疾病和改变人们的健康状况，减少医疗卫生福利成本的前提和基础，这就需要人人建立环境保护伦理意识，建立健康与环保紧密联系的理念，更需要政府下大力气从源头上治理。所以我国"十四五"规划和 2035 年远景目标纲要提出"坚持预防为主的方针，深入实施健康中国行动……为人民提供全方位全生命期健康服务。"

列宁曾指出社会主义医疗是通往社会主义国家的基石。习近平总书记也强调要"把人民的生命和健康放在第一位"。2020 年的两会上，与公共卫生、医疗医改等相关的议题成为最受大家关注的热点话题。据悉，在总共收到的 506 件代表议案中，排名第一的是强化公共卫生法治保障体系议题。

当前我们既有着发达国家面临的卫生与健康问题，如全球性疫情，也有着发展中国家面临的卫生与健康问题，如环境保护和食品安全。中国漫长的

① 参见《医保法规滞后于改革需求 人大代表建议加快医保立法》，https://www.caixin.com/2020-05-28/101559995.html。

② 参见《IARC 发布 2020 年全球最新癌症发病数据》，https://mp.weixin.qq.com/s/NmOWKqD6LRA_wPbm7_B4qQ。

③ 张鹏飞：《环境污染对医疗保险支出的影响及其机制研究》，《现代经济探讨》2019 年第 10 期。

医改牵扯着诸多领域的博弈和理念之争，但即便是这样，全民医保依旧在多元的争议声中覆盖了99%的中国老百姓，在“互联网+健康扶贫”项目推动下，远程医疗也已经覆盖所有贫困县。[①] 这是中国医改最为实在的成绩。所以尽管我们有这样那样的问题，我们也会在解决问题中不断进步和提高。值得欣慰的是，这次席卷全球的新冠疫情，我们做得比很多欧美发达国家都好，我们不仅把疫情控制了下来，取得了阶段性胜利，国家还为新冠病毒肺炎患者承担了医疗费用，这是很多欧美发达国家都做不到的，中国政府却做到了，使中国老百姓有了实实在在的安全感。

2016年中共中央国务院印发《“健康中国2030”规划纲要》，提出未来15年，是推进健康中国建设的重要战略机遇期。“十四五”规划和2035年远景目标纲要提出，“十四五”期间，国家建设15个左右区域公共卫生中心，升级改造20个左右国家重大传染病防控救治基地、20个左右国家紧急医学救援基地。一张国家公共卫生防护网将稳稳兜住14亿人的健康。由此，中国的医疗福利保障虽然还任重道远，但我们相信，在党的领导下，使人民群众有更多获得感、幸福感、安全感，这便是我国医疗福利的最大伦理。健康中国、美丽中国一定会在不久的将来实现。

第三节　空间正义视域下我国城市住宅福利[②]

住宅是人们最基本的物质生活条件之一，是“民生”工程。住宅福利也是社会福利的重要的和主要的内容。我国的住宅福利经历了一个从计划经济时期的全福利分房——货币化分房——“去福利化”的双轨制——住房商品化——社会保障性住房的兴起这样一个发展历程。在这个过程中，人民的住房质量在逐步改善和提高，然而住宅的价格，尤其是一、二线城市的房价却节节攀升，呈现的是一方面有人靠炒房发了大财且伴随着大量的空置房出现，另一方面是社会保障性住房短缺和大量的中低收入家庭买房或租房困难。2016年，《中国城市家庭住房消费调查报告（2016）》在南开大学发布。调查

① 参见《中国脱贫事业成功，这三个理论也获得了验证》，https://mp.weixin.qq.com/s/KtyPTg8ErOv8knv4nS0zrw。

② 本节内容以《试论空间正义视域下我国城市住宅福利建设》为题，发表于《江苏行政学院学报》2018年第3期。

结果显示，超过六成的家庭认为所在城市房价非常高或者较高。同时发布的“中国住房价格风险指数”显示，2016 年上半年，70 个大中城市的住房价格风险几乎为近 6 年最大，风险逐步向二、三线城市扩散。全国 30 个重点城市，20 个房价收入比都超过 10%。在深圳，按照平均收入来算，至少需要 36 年才能买得起房。[①] 2015 年 5 月，腾讯《2015 年 5 月全国城市住房市场调查报告》显示，中国主要城市的住房空置率整体水平在 22% 至 26%。

为什么会出现这种住宅空间占有不平衡、不和谐的状况？从空间本体论意义上看，人是空间的存在，住房之于人的生存状态至关重要。作为一种空间生产活动，建房筑屋不仅为满足遮蔽之需，而且也为满足人的心理之需。德国哲学家包尔生认为，过度拥挤的住宅条件不仅危及人的健康，而且也影响人的幸福、道德和居住者的家庭感情。可见住宅问题不仅是经济问题、政治问题，同样是伦理问题。它涉及社会的公平与公正，从空间理论来说，他又涉及空间生产和分配的正义问题。因此，笔者想结合空间正义理论，通过考察我国住宅福利发展的空间正义历程及当下社会保障房福利之空间特征的现状，指出社会主义住宅福利在空间规划、空间生产、空间分配和消费等领域必须坚持社会主义空间正义的理念，同时住宅福利也是社会主义福利空间正义的重要表现，探讨加强我国社会保障房福利建设从而推进我国社会主义住宅福利发展凸显的政治伦理意义。

一　空间正义与住宅空间正义

“四方上下曰宇，往古来今为宙。”作为宇宙的一分子，人既是时间的存在，也是空间的存在。任何一个社会、任何一种生产方式，都会生产出自身的空间。而空间里弥漫着社会关系，它不仅被社会关系支持，也生产社会关系和被社会关系生产。当代社会中，各种社会事件首先表现为一个空间现象和空间过程。空间成为各种社会现象和社会矛盾的交叉点与连接点，与此同时，空间成为审视社会现象和社会事件的出发点和切入点。所以，爱德华·W. 苏贾（Edward W. Soja）说“空间是人类生活的第一原则”[②]。

---

① 参见《报告：2016 中国住房价格风险逐步向二、三线扩散》，http://jiangsu. china. com. cn/html/jsnews/souety/8553993_1. html。

② ［美］爱德华·W. 苏贾：《寻求空间正义》，高春花、强乃社等译，社会科学文献出版社 2016 年版，第 3 页。

“空间的正义”思想有着非常深厚的历史底蕴。18—19 世纪的空想社会主义者，如傅立叶的“法郎吉”、欧文的“共产村”里的“模范大楼”，都对“空间正义”理念有所体现。马克思、恩格斯在《资本论》《共产党宣言》《乌河培谷来信》《英国工人阶级状况》，特别是《论住宅问题》等文本中，虽没形成系统的空间理论，没提出“空间正义”这一概念，但他们的文本蕴含丰富的空间理论资源，表达了空间和住宅“正义”思想，指出在资本主义社会“这样的社会中，住房短缺并不是偶然的事情，它是一种必然的现象”①。并对资本统治城市空间和空间生产的资本化进行了深刻批判，指出居住空间的非正义是资本主义的空间常态。

从现有的研究成果看，“空间正义”这一概念及理论的提出源于西方马克思主义学者列斐伏尔、福柯和大卫·哈维等人。现代法国思想大师，法国第一个马克思主义哲学刊物《马克思主义杂志》创办者列斐伏尔改变了人们长久以来认为空间是虚空，是空洞的和静止不变的固有观念，提出“（社会）空间就是（社会）的产物”，“任何一个社会，任何一种生产方式，都会生产出自身的空间”。②由此 1974 年他在《空间生产》一书中提出了“空间生产”和“城市权利”的概念。“空间里弥漫着社会关系；它不仅被社会关系支持，也生产社会关系和被社会关系所生产。”③ 福柯也提出：“空间是任何公共生活形式的基础。空间是任何权力运作的基础。”④ 1973 年大卫·哈维在《社会正义和城市》一书中借用并创造性地提出“领地再分配式正义”，即社会资源以正义的方式实现公正的地理分配。哈维不仅关注分配的结果，更注重公正的地理分配的过程，强调只有实现生产正义，才能实现真正的分配正义。最早公开使用“空间正义”概念的是戈登·H. 皮里（Gordon H. Pirie），他在其所著的《论空间正义》（On Spatial Justice，1983）中论述了“空间正义”。他认为，如果把空间看作绝对，是事物发生和社会关系演变的“容器”，那么空间正义就是“空间中的社会正义”的缩写。虽然他对空间理解的狭隘性制约了

① 《马克思恩格斯选集》第 3 卷，人民出版社 2012 年版，第 216 页。

② 曹现强、张福磊：《空间正义：形成、内涵及意义》，《城市发展研究》2011 年第 4 期。

③ ［法］亨利·列斐伏尔：《空间：社会产物与使用价值》，载包亚明《现代性与空间的生产》，上海教育出版社 2002 年版，第 48 页。

④ ［法］福柯：《空间、知识、权力》，载包亚明《后现代性与地理学的政治》，上海教育出版社 2001 年版，第 13—14 页。

他对空间正义含义的理解，但皮里为后续的研究奠定了重要的基础。

现代社会是通过空间来统治和管理的。空间是权力运作的基础，权力是借助空间的物理性质来发挥作用的。因此，空间生产本质上是一种政治行为。既然存在着一种空间的政治，那么空间的生产如同任何商品生产一样，不能仅仅考虑其经济的合理性即效率，而必须考虑其伦理的正当性即正义。因此，“空间正义”是社会正义的一种具体表现形式或社会正义的空间投射。所以“空间正义”就是存在于空间生产和空间资源配置领域中的公民空间权益方面的社会公平和公正，即社会应保障公民作为居民不分贫富、不分种族、不分性别、不分年龄等对必要的生产和生活空间资源、空间产品和空间消费及其选择的基本权利，是对空间资源和空间产品的生产、占有、利用、交换、消费的正义。①

住宅是一种空间资源，同时也是一种空间产品，所以住宅也有空间正义问题，住宅的空间正义是空间正义的重要的组成部分。笔者认为住宅的空间正义是以公众平等的住宅权益为本位的正义，是对社会住宅空间占有失衡的反驳，即住宅的生产、占有、利用、交换和消费的正义。具体包含以下几个方面：（1）社会不同群体之间应享有平等的居住权利；（2）“居者有其屋”和“相对人道”的居住环境；（3）没有空间居住隔离和住宅歧视；（4）相对自由而理想地进行居住空间生产和消费。

二　我国住宅福利背后的空间正义探寻

1. 中华人民共和国成立后我国城镇住宅福利发展历程的正义考量

怎样从住宅空间正义的角度来看待我们住宅福利的历史变迁，是越来越好，还是越来越差？是合理公平的，还是不合理不公平的？笔者认为不能笼统地以好还是不好，正义还是非正义来简单地下结论，应该以马克思主义历史的、辩证的眼光来看待和评价。中华人民共和国成立后我国城镇住宅福利发展经历了大约三个时期。

第一个时期：计划经济时期的住宅全福利化——基本公平与不平等并存。中华人民共和国成立后，我国的城镇住房没有进入市场流通，而是完全福利化，住宅作为劳动补偿的一种形式，在实物福利名义下分配给劳动者。这种

① 参见任平《空间的正义——当代中国可持续城市化的基本走向》，《城市发展研究》2006 年第 5 期。

“实物分配 + 低租金” 的住房福利制度是与当时我国较低的生产力发展状况和人们的低工资低收入相适应的。在房屋的分配上大多按工作年限、职务和家庭人口等“论资排辈”等待分配，从程序上来说对每个人是基本一样的，所以这个时期住宅作为一种产品的空间正义无论是生产、占有、利用还是交换都是基本公平的，也为绝大多数人所接受和认同。同工作稳定一样，住房成为福利体制中最重要的一环，但这种福利供给是以工作单位为依托的，这使得住宅福利成为一种小团体内的福利，体制内的福利，而不是社会层面的福利。从这个角度来说，计划经济时代的住宅分配从本质上来说在社会层面上仍属于初次分配领域，在单位层面上属于二次分配，这种特征也使得这时的住宅福利制度又有一定程度的不公平性。因为不同的单位福利不一样，有单位和没单位就更不一样，单位内部地位不同，获得分房的机会和质量也不同，一些人永远住好房子、大房子，另一些人则只能住旧房子、小房子。平等之中有不平等，“大锅饭”之中有“小锅饭”。

第二个时期：“去福利化”的住房公积金福利—结果的不公平。20 世纪 80 年代初，随着城市经济体制改革的展开和稳定金融的经济政策的确立，城市住房供给制度改革推进，住房商品化进程加快，出现了新的合作建房模式，土地有偿供给制度确立。1991 年，邓小平同志“南方谈话”极大地促进了我国经济的发展和经济体制改革步伐的加快，城市住房分配制度由实物福利分配逐步向货币分配转变，进一步推动了住宅商品化的进程。正是由于住宅商品化，使得居民的居住条件得到了显著的改善，人们的居住环境更加舒适，生活得更有尊严。但与此同时，由于以经济发展为唯一驱动，强调以市场为导向的灵活性、竞争性和控制成本的社会政策，在人们的住房、医疗、教育方面“去国家化”，趋向于市场化、商品化、产业化，住宅短缺问题并没有因为住宅商品化的推进而缓解却愈加严重，住房缺口大、住房供需矛盾日益突出。

20 世纪 90 年代初我国借鉴新加坡的经验引入住房公积金制度。这一制度在建立初期主要是为了筹集建房资金以加快职工住房建设。随着 1998 年住房福利分配制度的取消，住房公积金制度逐步演变为以支持住房消费为主要功能，住房公积金是“在职职工缴存，单位等额补贴，均归个人所有的‘住房工资’，其本质是劳动报酬 + 住房福利。住房公积金具有强制性、长期性、稳定性、保障性，其优点体现在住房取用、退休返还、防老养老等方面”①。

住房公积金作为一种住房福利，它的实施在一定程度上保障了城镇职工的住房水平，在某种程度上提高了普通群众的购房能力，促进了房产市场的发展。但另一方面，“公积金制度对高收入群体的支持作用比对低收入群体的支持作用更大”②，具有逆向调节和马太效应。按照《住房公积金管理条例》（以下简称《条例》）及有关政策规定，纳入住房公积金制度体系内的单位和职工每月应分别按不低于职工上一年度月平均工资的5%缴存住房公积金，但有条件的城市可适当提高缴存比例。缴存住房公积金的月工资基数，原则上不应超过职工工作地所在设区城市统计部门公布的上一年度职工月平均工资的2倍或3倍。这就客观上造成了当前我国不同地区与行业之间存在缴费比例、缴费基数和缴费额度上的显著差异，使得收入越高者收益越大，收入越低者收益越小。再者，《条例》虽规定缴存职工购买、建造、翻建、大修自住住房，可以申请住房公积金贷款等，但贷款和取出的限制条件很多且程序烦琐，大多数的低收入和困难群体无力购房或能贷到的很少，而少数的高收入者却成为公积金的多数使用者，公积金变相成了高收入群体的福利，不仅严重影响了住房公积金的社会保障作用，还进一步从住房福利上加剧了收入分配不公和差距扩大，有悖于公积金设立初衷。从这个意义上，住房公积金福利强化了业已存在的住房分配不平等，造成结果的不公平。

再者，如果住房是人类主要的资产，如何通过收入来配置基本的居所十分重要。人类的储蓄和消费需与他们的生命周期相配合，但是住房公积金却只是强制居民为住房消费作储蓄。由于利率与资产价格很多时候处于相反关系，很多时候公积金户头追不上楼价的飙升，并且能否有能力购买住房与能否从供款利率中收益的最大关键在于是否有能力支付首付，所以住房公积金福利从横向公平和纵向公平都受到考验和质疑。

第三个时期，社会保障性住房福利——规划与分配的空间正义凸显。随着各主要城市房价的大幅上涨，为数众多的中低收入阶层无力购买商品房，住房困难情况突出，保障性住房福利在此背景下应运而生。社会保障房指针对城市中低收入群体而兴建的带有福利性质的住房，包括解困房、限价房、

① 卢云飞：《住房公积金制度、房价与住房福利的现状》，《经贸实践》2016年第10期。

② 顾澄龙、周应恒、严斌剑：《住房公积金制度、房价与住房福利》，《经济学》2016年第1期。

廉租房、公租房、经济适用房等多种类型。2003年，国务院发布《关于促进房地产市场持续健康发展的通知》，要求各地、各部门完善住房供应政策，加强经济适用房的建设和管理，建立和完善廉租房制度。从2011年开始保障性住房建设进入快车道。国务院颁布《关于保障性安居工程建设和管理的指导意见》，要求大规模推进保障性安居工程建设，提高中低收入群体的住房福利指数。从2011年到2014年，中央财政和中央预算内投资共为保障性安居工程安排了7100亿元的补助资金。① 据统计，在2011年到2015年的第十二个五年规划期间，城镇保障性安居工程新动工建设房屋数量达到3020.83万套，其中各年累计基本建成数量为2849.2万套。《国家新型城镇化规划（2014—2020年）》提出，城镇常住人口的保障性住房覆盖率要由2012年的12.50%增加到2020年的23%。

我国住房保障模式的转变，体现了党和政府重视民生问题，“把住房保障作为政府公共服务的重要内容，建立健全中国特色的城镇住房保障体系”② 的决心。然而，从空间正义的视角我们又看到，一方面由于房屋刚性需求量大，保障房依然短缺，供需矛盾依然突出。在保障房的分配中由于租售信息不对称，管理、监督机制不完善，仍然存在寻租、暗箱操作等，使保障房分配不公平的现象时有发生。

另一方面，保障房尤其是廉租房、公租房在空间区位规划上表现出选址偏远、分布集中、交通服务水平不高、住户职住分离、医疗卫生和教育设施不健全、休闲娱乐设施缺乏等特征，即不能“安居乐业”。在空间组织上对内缺少公共的交往空间、文化建设不足，对外缺乏与附近社区和城市中心的联系，造成空间分异、居住隔离的情况。这种情况在北京、天津、上海、深圳、南京等大城市体现很突出。③ 这是一种不正义的空间秩序安排，有空间居住隔离和住宅歧视之嫌，同时还导致市区很多中低收入人群因距离的限制，不能享受到保障性住房的优惠，出现保障性住房高空置率的奇怪现象，造成保障

---

① 参见齐骥《2011年至2014年基本完成保障房于时期户区改造安置房2000万套以上》，http://www.gov.cn/xinwen/2015－02/13/content_2819068.htm。

② 《国务院办公厅关于保障性安居工程建设和管理的指导意见》，国发办［2011］45号。

③ 参见徐亚星《南京保障性住房空间结构问题探究》，《住宅与房地产》2017年第9期；杨上广等《上海城市居住空间分异的社会学研究》，《社会》2006年第6期；韩秀伟《城市居住空间贫富分异现象的研究》，硕士学位论文，天津理工大学，2009年。

房的资源浪费。①

由以上中华人民共和国成立后我国城市住宅福利历史的大致梳理看到，我国城镇住宅福利既有历史的合理性，又有一定的不公平性；从空间正义上看，住宅作为一项空间产品，在空间生产上存在生产效率与社会公平的张力，在占有和分配中存在正义与非正义的矛盾和冲突。

2. 城市化面临住宅空间的紧张性和不均衡性

由于改革开放，社会主义市场经济的发展，才使中国经济有了今天的成就。中国今天的成就离不开一个庞大群体的贡献——“农民工”。据不完全统计，我国城镇常住的农民工有1.3亿。农村中的“三留守”现象（留守老人、留守妇女、留守儿童）的出现，已经形成了很多社会问题和隐患，城镇中大量的农民工及其后代的购房、租房受限，大多集中在城乡接合部或城中村，成为“无根漂泊的游荡者”。亚里士多德曾说：人们来到城市是为了生活，人们居住在城市是为了生活得更好。随着城市化的推进，未来还将有2亿到3亿农民移居城镇，他们将拥有住房权，享有市民身份的权利，意味着他们不再是以前流动式的“两栖人”或“缝隙化存在”。正如列斐伏尔所说：“社会主义社会中的个人有接近一个空间的权利以及拥有作为社会生活与所谓的文化活动等等之中心的城市生活的权利。”② 广义的“住房权”，除了包括狭义的“住房”，也包括了安全、就业、服务、休闲等一系列与安居有关的方面。因此，城市住宅空间的需求是刚性的，怎样解决城市化带来的住宅空间的紧张性和不均衡性，避免城郊社会空间“破碎化”，体现社会主义住宅空间的正义性，是政府面临的又一挑战。

三　建立和谐正义的住宅空间

空间正义不是超越历史阶段的“空间乌托邦”，而是基于国情的基本公平。我国当前的生产力虽然有了很大的发展，人民生活水平有了很大的提高，但我们仍然处于社会主义初级阶段。相对落后的空间生产能力、有限的住宅空间产品和资源与人民群众日益增长的住宅空间需求之间的矛盾仍然很大，这种状况

① 参见郝生跃、卢玉洁、任旭《“十三五”时期保障性住房建设可持续模式研究》，《经济纵横》2017年第1期。

② ［法］亨利·列斐伏尔：《“空间：社会产物与使用价值”》，王志弘译，载夏铸九、王志弘编译（1994），第28—29页。

只有在不断发展空间生产、不断提高空间生产能力的基础上才能逐步解决。现代西方建筑学之父柯布西耶说："一切活人的原始本能就是找一个安身之所"，而"房屋是人类的必需产品"。[①] 所以笔者认为，当前满足低收入群体的社会福利保障房的空间生产具有优先性，因为它是基础福利，是作为公平正义的基本公平。

保障房建设首先要遵循以人为本的原则，人民群众的空间需要是一切空间规划、建设、生产和分配的出发点与归属点，脱离了人民群众的空间利益来扩大空间生产，必然造成空间的异化。所以保障房作为基本福利建设，应从现实的层面上根据中低收入人群的实际需要，去进行住宅空间的规划、设计、生产和分配，以实现住房供应与需求的高效精准对接，实现住宅空间正义。

首先，政府要注重保障房规划的空间正义。政府的首要职能是做好基本的公共服务工作。在我国作为社会公共物品的保障房是由政府主导规划生产的，这是我国住宅福利居住空间生产的主要特征。所以提供住房保障是政府基本公共服务的重中之重。当前保障房建设要从单纯追求数量向数量与质量并重转变。保障房用地规划选址要更加合理和人性化，在空间布局上符合"小集中""大分散"原则。规划选址要促进职住平衡，促进就业人员就近居住；为避免公租房在城市中的边缘化，应加大轨道交通城市主要干道和城市快速路沿线周边地块的公租房布局，包括在地铁沿线或以地铁上盖方式建设公租房，增加公共交通的可达性，同时对保障房小区同步规划建设配套设施、为保障房居民打造更加宜居便捷的生活环境，保障房居民可享受社区及周边健全的配套设施，生活成本将大幅降低，生活质量将得到改善。

其次，住宅的公平性要求协调保障房与商品房建设之比例。《国家新型城镇化规划（2014—2020年）》提出，城镇常住人口的保障房覆盖率要由2012年的12.50%增加到2020年的23%。为保证保障房的数量，2018年住建部又提出在人口净流入城市发展租赁市场，随后一个月的时间里，12个试点城市已经有10个先后出台了住房租赁的相关政策和举措。上海连续推出大体量纯租赁、不可销售用地；武汉在商业区、产业园区域，以新建住房约一到两成的比例，配建租赁住房，以增加租赁住房市场供应；杭州正式宣布：联手阿

① ［法］勒·柯布西耶：《走向新建筑》，陈志等译，商务印书馆2016年版，第7页。

里，共同打造全国首个“智慧住房租赁监管服务平台”。针对住宅空间融合上存在居住空间分异明显、不同阶层沟通交流不足的问题，目前实行了配建模式和 PPP 模式。这两种模式使商品房和保障房两种性质的房屋，存在于同一社区内[①]，有效地促进了不同收入水平人群的融合，有助于减缓居住空间分异和社会分异。但另一方面，容易造成混居后物业管理困难等问题。由于收入水平不同导致保障房居民和商品房居民不能执行统一的物业收费标准，由此加大了物业管理难度。因此，有必要针对保障房和商品房制定不同的物业管理办法和收费标准，保障房的物业收费标准应低于商品房的物业收费标准。同时，政府应对保障房居民的物业费用给予一定的财政补贴，尽量降低受保障群体的生活成本，这也是以人为本的具体体现。

再次，住宅的平等性要求打破户籍制度限制。我国现行户籍制度是在中华人民共和国成立之初特定的历史条件下形成和发展起来的，曾经发挥过重要的历史作用。时至今日，户籍管理制度在社会管理中的作用也是不可完全抹杀的。但是，随着市场经济体制的建立，特别是城镇化进程的加快，其不适应性日益凸显，成为经济发展和社会进步的障碍。近年来，中国的户籍制度虽有一些改革，户籍制度的松动一度降低了外来人口进入城市的门槛，但其改革只是局限于改造某些户口登记、迁移和管理的技术，没有实质上的突破。这种不彻底性就形成了各大城市的“城中村”、“棚户区”、城乡边缘区等“缝隙化社会空间”。附着在户籍制度上的各种隐性福利和制度，包括住房分配制度、医疗保险制度和义务教育制度等因户籍的不同而不同。

最近随着住建部提出城市发展租赁市场，广州最先提出“租购同权”，广州之后，北京、无锡等城市，也发文明确承租人子女有就近入学的权利。沈阳的措施更加全面。2018 年年底前，持有居住证的承租人可按规定在住房保障、养老服务、社会福利、社会救助、居委会选举、随迁子女入学、参加中考等方面，享受公共服务和便利。这使我们有信心看到，彻底打破户籍限制的时间不会太长。

最后，打击保障房分配的不法现象，实现保障房分配公正。在保障房分

---

① 参见《北京配建保障房的商品房热门项目知多少?》，http://bj.house.163.com/photonew/4EBT0007/243918.html#p=CTONOD3G4EBT0007NOS。

配中，要坚持以人民为中心，做到公平公正。要关注民众基本的“生存状态”，逐步满足保障群体的基本生存需求。我国当前在保障房的准入退出上存在精准性不够的问题，在保障房的分配准入、公示、管理、退出等几个关键环节都面临一定困难，分配机制建设步伐缓慢。根据审计署发布的审计结果，从2012年到2015年，违规享受保障房实物分配的家庭数量分别为10.84万户、4.75万户、2.06万户、5.89万户，涉及住房数目为3.89万套、1.93万套、1.02万套、3.77万套，住房补贴为1.53亿元、5035.99万元、2191万元和6000万元。可以看出，骗购骗租的现象在2013年、2014年有所好转，但2015年违规现象和所涉住房、金额又有所上升。[①]由此，国家应加快住房保障法的立法工作，尽快出台基本住房保障法，明确各级政府在推进住房保障工作中的责任，同时规范保障房分配、运营、流转环节中存在的种种混乱局面。尤其要加大对虚假申报、骗购骗租、转租转售、闲置浪费保障房等行为的惩治力度，追究法律责任，使保障房分配从程序到结果更加公平公正。

2021年7月初，国务院办公厅印发《关于加快发展保障性租赁住房的意见》，从土地、资金、金融、税收支持以及优化行政审批等6大方面全方位支持保障性租赁住房的发展，旨在解决住房困难群体特别是新居民、青年人等从事基本公共服务人员等群体的住房困难问题。习近平总书记提出要“牢牢把握我国发展的阶段性特征，牢牢把握人民群众对美好生活的向往”[②]。所以，追寻住宅空间正义，创造更好的住宅福利，使“居者有其屋”，“大庇天下寒士俱欢颜”，也是我们对“两个牢牢把握”的实践体现。

第四节　精准扶贫——中国特色的社会福利

一　关于贫困的认识视角

贫困是一个复杂的问题，无论从个人经验、政策制定还是学者界定上讲，它都呈现出具有社会内在规定性的一种复杂样态。一些经济学家和国际组织

① 参见《一年数万家庭违规骗购，保障房到底保障了谁?》，http://view.163.com/16/0811/00/BU57AE10000159OQ.html。

② 章忠民、魏华：《新时代思想政治教育论要》，人民出版社2019年版，第115页。

从经济福利视角、收入和消费指标来理解和衡量一个人的贫困状态①；一些学者把贫困视为个人能力匮乏的结果，还有一些研究者把社会排斥看成贫困的原因。笔者认为，对贫困不存在唯一正确明晰的定义。在不同的时空条件下，从不同的理论视角和实际状态出发，贫困的内涵都是不尽相同的。它既被视为宏大的历史现象也被视为微观的个人问题；既被视为最低生活状态的物质欠缺，也被视为个人权利、福利的无法满足；既被视为不断消亡的社会现象，也被视为长期存在的历史难题。因此，全面准确地理解贫困要分清不同视角或途径的含义，以及它们之间的重叠和关联。

很多人甚至一些政府都有这样一种看法，穷人之所以穷困是他们不思进取、懒惰、不努力、不勤奋造成的（比如，实施福利制度前的英国及其最早的《济贫法》）。有位学者说得好，社会优势群体在单位时间和单位资本投入的收益远远高于弱势群体。勤劳自然是致富的基本条件，但并不是今天一个人能够成功致富或摆脱贫困的充分条件，尤其对于处于结构性贫困中的人。所以，笔者认为给贫困者一定的福利支持和帮扶是一个文明社会的应然之举。

世界上最早研究贫困现象的英国学者查尔斯·布斯，在 19 世纪 80 年代首次根据收入和生活水平对居民生活状态进行了划分，并根据消费支出水平确定了“贫困线”，此后对贫困人口和社区的研究得以真正开始，同时也开启了英、美等国家对贫困概念的长期争论，其中最核心的就是绝对贫困和相对贫困之争。英国经济学家朗特里和布思提出：“个人和家庭的生存与福利需要一定数量的货物和服务，如果个人和家庭缺乏获得这些货物和服务的经济资源或者经济能力，这种生活状态就是贫困。”② 犹太人西勃海姆认为：“贫困状态是指一个家庭的总收入远远不能维持其物质生活的状态。”③

20 世纪中后期，相对贫困的概念逐渐出现。英国学者彼得·汤森把相对贫困作为一个学术概念提出，他认为当人们因缺乏资源而无法维持正常饮食，被排斥在正常生活模式、习俗和活动之外时，就可以说他们处于贫困中了。正如加尔布雷思指出：“一个人是否贫困，不仅仅取决于她或他本人拥有多少

---

① 世界银行最早于 1990 年推出贫困线标准，当时的标准是日生活费 1 美元。2008 年调整为 1.25 美元，2015 年调整为 1.90 美元。

② 转引自黄小荣《我国农村贫困现状与反贫困策略分析》，硕士学位论文，华中师范大学，2007 年。

③ 转引自谭诗斌《现代贫困学导论》，湖北人民出版社 2012 年版，第 86 页。

收入，还取决于社会中其他人的收入。”① 随着研究的深入，人们从剥夺以及社会排斥等更广阔的视角来研究贫困，相对贫困的概念进一步完善。人们逐渐认识到贫困不仅仅是物质的匮乏，也代表着发展机会、选择权利、福利享有以及公共服务的缺乏，甚至涉及社会、地理、文化、心理因素。因此，各国政策部门、学者从更宽广的视角对贫困概念、贫困理论以及贫困治理实践展开了探索。1998 年诺贝尔经济学奖得主阿马蒂亚·森从人的可行能力视角界定贫困，他认为贫困是人们被剥夺了创造收入、维持正常生活和参与社会活动的可行能力的能力贫困，是一种对基本生活能力的剥夺。穷人因经济社会权益不足使得他们的综合能力弱于其他人，在社会竞争中缺乏优势，因此一直处于贫穷状态，最好的解决方法是维护穷人的权益，保障穷人的各项经济社会权利；他进一步提出可行能力理论，认为可行能力是一个人能实现的、各种可能的功能性活动组合。

马克思通过剖析贫困产生的制度根源、资本积累的本质，揭示了资本主义社会贫困产生的内在机理，形成了马克思贫困理论，这一理论的核心内容就是具有强烈辩证色彩的“绝对贫困”和“相对贫困”的内涵。绝对贫困是指无产阶级所拥有的生产资料被资产阶级剥夺，其实现、延续自身劳动能力的客观条件不复存在，除了自身所具有的劳动能力外一无所有。这种贫困是客观的、直观的，工人对生产资料的不占有是绝对的，被迫出卖劳动力是绝对的，被无限追逐剩余价值的资本家压迫、剥削是绝对的，工人阶级的生活状况和劳动条件的恶化也是绝对的。另一方面，工人的工资低于劳动力价值也是绝对贫困的内涵之一。劳动力价值通常包括维持劳动者个人及其家属的生存所必需的生活资料的价值和劳动者接受教育和训练所支出的费用，但在资本主义生产方式下，资本家必然竭尽所能压缩成本提高利润，因此会出现工人的工资低于劳动力的价值而且难以满足其本身和家属基本生活需要的情况。相对贫困是一个比较概念，具有广泛的内涵。可以理解为在社会总产品的分配中，工人所获得的部分与资本家所获得的部分差距悬殊，主要体现在生产过程和资本积累过程中。在资本主义的生产环节，工人只获得其必要劳动时间内的相对工资，而剩余劳动时间内工人无偿为资本家提供价值，因此

① 转引自［美］乌德亚·瓦格尔、刘亚秋《贫困再思考：定义和衡量》，《国际社会科学杂志》（中文版）2019 年第 3 期。

在生产过程中就隐蔽地注定了工人与资本家之间的不对等。而后随着资本的积累，工人工资的增长速度越发赶不上剩余价值的增长速度，社会地位也日趋低下。值得注意的是，随着资本主义社会的向前发展，工人工资的绝对数额及其家属的生活水平肯定会有所提升，但这与工人社会地位的下降并不矛盾。对一个群体生活水平的评价应该结合该国该时期经济社会的发展程度，不能静止孤立地看待。

二　贫困与社会福利[①]

（一）西方社会达尔文主义对贫困的道德态度

西方社会达尔文主义主要从个人行为责任来探讨贫困产生的原因。他们认为陷入弱势的人是因为这些人缺乏能力、训练或道德，受教育水平低，观念落后，懒惰等，属于“市场竞争的失败者”，作为失败者，就不能说是社会中优良的个体，而只能被称为劣等的个体，是残次品。由这些劣等的个体所组成的群体自然而然的就是劣等的群体。这些人不会对社会有多大贡献，他们注定最终要被社会淘汰。因此社会对这些“垃圾”进行救助没有任何意义，更不应浪费福利资源对他们进行救助，因为社会的法则与自然界的法则一样，都是“物竞天择，适者生存”。因此，贫困和弱势群体的存在，是生活自然秩序的一部分，长期来看是有必要的，也有益于社会的进步。这种理论在 19 世纪到 20 世纪初占支配地位。社会达尔文主义者的主要代表有约瑟夫·汤森（Joseph Townsend）、托马斯·马尔萨斯（Thomas Robert Malthus）和斯宾塞（Spencer Herbert）等。

约瑟夫·汤森认为穷人有内在的劣根性，穷人本质上是“懒惰和恶毒的”，只适合于干“肮脏的活”。饥饿有助于促使穷人努力工作，反对公众为穷人提供救济，呼吁取消《济贫法》。他在其著作《论济贫法》中说：“这似乎是个自然法则，穷人应当在一定程度上缺乏长远打算，总有一些人要从事社会中最卑贱、最肮脏、最下层的工作。”[②] “只有饥饿才能激发和鞭策他们参加劳动”，饥饿“不但是一种平和的、安静的和持续的压力，它还是勤奋和

---

① 本节部分内容以《论中国社会性弱势群体的伦理关怀——基于马克思社会器官理论视角》为题，发表于《重庆大学学报》（社会科学版）2015 年第 5 期。

② Joseph Townsend, *A Dissertation on the Poor Laws*, Berkeley: University of California Press, 1971, p. 36.

劳动的最自然的动力"①，作为经济学家的马尔萨斯以他的《人口原理》享誉世界。他在批判地继承前人理论的基础上，提出两个级数增长的理论（人口按几何级数增长，粮食等生活资料按算数级数增长），提出只有增加人口的死亡率才能抑制人口自然增长的"著名观点"②。他认为人口增长是受人口规律支配的，是不以人的意志为转移的"自然法则"，相对于土地生产出来的粮食和生活必需品来说社会人口过剩无法避免，注定有一部分人要在贫困和饥饿的边缘上生活，所以这些人的贫困同社会制度、财产的不平等分配和政府的形式没有关系。相反，"人口自然规律"支配整个社会也决定私有制的产生，所以，资本主义私有制不仅不是贫困和罪恶的根源，相反，它是实现人口增殖同生活资料之间平衡的最有效和最好的制度，所以"除了私有制外，没有别的任何制度能提供，哪怕仅有的一点机会来养活目前人们在许多国家看到的如此庞大，而又日益增长的人口"③。他进而指出，解决人口过剩、消除贫困的最佳途径是直接"抑制人口增长"。马尔萨斯提出了解决人口问题的两种具体抑制办法："抑制中的第一种称作对人口的预防性抑制是非常恰当的，而第二种抑制称作积极抑制"④；"这些抑制可分成道德抑制、罪恶和苦难"⑤。一是"道德抑制"减少人口，即用节育、晚婚等方法减少人口的增加，以保持人口的增长和生活资料的增长相一致；二是"积极抑制"，即通过提高人口死亡率来减少人口数量，"战争和各种烈性病是对人口增长的主要抑制"，"加上有案可查的瘟疫、饥馑和致命的流行病，已使人类造成极大的消耗"。⑥ 虽然他认为避免人口过剩的较好的办法是预防性抑制即"道德抑制"，但他同时指出大多数人不会接受这种方法，社会有必要通过积极抑制如繁重的劳动、

---

① Joseph Townsend, *A Dissertation on the Poor Laws*, Berkeley: University of California Press, 1971, p. 23.

② ［英］托马斯·罗伯特·马尔萨斯：《人口原理》，王惠惠译，陕西师范大学出版社 2008 年版，第 122—126 页。

③ ［英］托马斯·罗伯特·马尔萨斯：《人口原理》，王惠惠译，陕西师范大学出版社 2008 年版，第 127 页。

④ ［英］托马斯·罗伯特·马尔萨斯：《人口原理》，王惠惠译，陕西师范大学出版社 2008 年版，第 126 页。

⑤ ［英］托马斯·罗伯特·马尔萨斯：《人口原理》，王惠惠译，陕西师范大学出版社 2008 年版，第 130 页。

⑥ ［英］托马斯·罗伯特·马尔萨斯：《人口原理》，王惠惠译，陕西师范大学出版社 2008 年版，第 133 页。

极度的贫困、传染病、战争、瘟疫、饥荒等来增加死亡，从而强制性减少和控制人口。由此对于当时英国政府颁布实行的《济贫法》和济贫制度他持否认意见，认为给济贫院的贫民提供工作会增加在业工人的失业压力，而济贫院的救济只会使过剩的贫困人口继续存在、不断繁殖，结果是“供养贫民以创造贫民”。他建议政府取消对贫民的救济，宣扬贫民的贫困源于自身，只能自己救济自己，不能依赖别人和政府，《济贫法》不能从根本上解决社会贫困，反而使社会贫困加剧。

在《社会静力学》中，斯宾塞明确提出反对国家救济穷人，反对的理由是，既然穷人不适合生存，就应该被消灭。他露骨地说：“大自然为什么要努力清除这些人呢？因为要给世界腾地方，让更优秀的人生存。”① 人们贫穷是因为身体上、道德上、心灵上的缺陷，即使这些缺陷涉及非道德因素，比如愚蠢、身体虚弱或天生懒惰，但是试图让他们生存下来是个错误，是把同情心用错了地方。“这些有缺陷者的存在是大自然的失误，一旦出现这样的情况，按大自然的法则，就应该召回。如果他们有能力活下去，就活下去，说明他们应该活着；如果生存能力不足，死掉了，那他们死了最好。”② 他认为，贫穷是消除人类中不适合生存者的有效手段，就像疾病和干旱消除其他低劣物种一样。“无能者的贫困、鲁莽者的痛苦、无所事事者的挨饿以及让很多人陷入‘痛苦和困境’的强者对弱者的欺侮，都是更大的，眼光更长远的慈善和天意。”③ 所以他认为在“自然秩序下，社会将不断清除患病者、弱智者、迟钝者、动摇者、背叛者”，而国家救济穷人恰恰“阻碍了净化过程”。④他还说：“如果允许（适者生存）这种严峻情形存在，懒散之人就必然如坐针毡，那些被救济者的朋友就会抵制……在事物的自然规律的支配下，社会不断排除不健康的、低能的、呆傻的成员。这些好心但没有头脑的人无视事实，赞成干预。这不仅会停止净化过程，还会促进堕落——由于源源不断地供应，

---

① Spencer Herbert, *Social Statics*, New York: Augustus M. Kelley, 1969. Originally published London: John Chapman, 1851, p. 379.

② Spencer Herbert, *Social Statics*, New York: Augustus M . Kelley, 1969. Originally published London: John Chapman, 1851, p. 380.

③ Spencer Herbert, *Social Statics*, New York: Augustus M . Kelley, 1969. Originally published London: John Chapman, 1851, p. 323.

④ Spencer Herbert, *Social Statics*, New York: Augustus M . Kelley, 1969. Originally published London: John Chapman, 1851, p. 324.

肯定会使轻率无能之辈越来越多，而随着家庭生计困难的增大，雄才大略者将越来越少。”①

社会达尔文主义者，将自然竞争的法则应用于社会，实质上是将社会等同于自然，将人还原为物，将人分为三六九等，认为某些人是优等的，某些人则是劣等的；优等的人应该有优先的特权，而劣等的人则不会有平等权利，乃至于失去生存权。当一个人处于社会弱势地位的时候，他只能认为是自己不行，而不能从社会找原因。恩格斯对此批评道：“必须把‘生存竞争’的概念严格限制在动物和植物进化的范围内，如果把它直接搬到人类社会中来，那不过是十足的童稚之见。”② 遗憾的是，现代社会，仍有许多人持这种观点。经济学家米尔顿·弗里德曼（Milton Friedman）指出：“穷人变得不仅缺少市场上所看重的本事，而且缺少在政治斗争中成功地争取资金的本事”③，自由的市场机制已经给人们提供了各种各样的机会，不能获取这种机会的责任在于个人而不在于政府管理者。这种理论就贫困弱势群体产生的原因来说是有一定道理的，市场竞争确实是贫困弱势群体产生的因素之一。但如果以此把贫困的存在说成一种正常的、合理的现象，实际上就是为强势群体压迫、剥削弱势群体寻找借口。而如果从分配正义的视角来说，一是竞争有公平竞争和非公平竞争之分，在非公平竞争（如起点不公平）中落下来的不是失败者而是受害者。二是人类社会不同于自然界，把自然界中的弱肉强食、适者生存的纯粹生存竞争作为社会发展的规律，是完全抹杀了人类社会与自然界的根本区别，是“社会达尔文主义”。人确实有先天或后天、强与弱、有利与不利的区别，但只要他是人，都属于人类，就有“类”的情怀，就有作为人的权利和人格尊严。人类社会也正是因为人与人之间的相互合作、相互依存，才得以发展。文明从来都是弱者的保护神，对贫困的弱势群体的同情和善待标志着人类文明的进步；消除贫困，减少和辅助弱势群体，是人类文明进步的标志，是社会公平正义的应有之义。

（二）“输血”与“造血”扶贫福利路径的伦理探究

对于减少贫困，西方理论界有各种不同的理论学说，其中较为著名的

① Marvin Harris, *The Rise of Anthropological Theory*, Lanham: Altamira Press, 1968, p. 127.

② ［德］恩格斯：《自然辩证法》，人民出版社 1962 年版，第 262—263 页。

③ ［美］米尔顿·弗里德曼、罗斯·弗里德曼：《自由选择：个人声明》，胡骑等译，商务印书馆 1982 年版，第 120 页。

是美国经济学家西奥多·舒尔茨提出的“人力资本扶贫理论”、美国学者纳尔逊的“低水平均衡陷阱理论”以及加拿大经济学家罗格纳·纳克斯提出的“贫困恶性循环理论”等。这些学者认为在一定程度上贫困是可以消除的，可以通过提高人力资本投入、发展优势产业或者进行大规模的物质投入等来解决。其中著名经济学家阿马蒂亚·森提出的提高贫困群体可行能力更值得关注。

可行能力是阿马蒂亚·森提出的一个概念。他指出：“可行能力指的是此人有可能实现的，各种可能的功能性组合。”① 它反映了一个人认为值得去做的或达到的多种多样的事情或状态。具体“包括免受困苦——诸如饥饿、营养不良、可避免的疾病、过早死亡之类——基本的可行能力，以及能够识字算数、享受政治参与等等的自由”②。一个人的“可行能力集”，“由这个人可以选择的那些可相互替代的功能性活动向量组成”。③ 他通过生动的举例来说明：一个节食的富人，就摄取的食物或营养量而言，其实现的功能性活动也许与一个赤贫而不得不挨饿的人相等，但前者与后者具有不同的“可行能力集”。因为富人可以选择吃好并得到充足的营养，而穷人则无法做到。由此可见，“一个人的功能性活动组合反映了此人实际达到的成就，可行能力集则反映此人实现其成就的自由：可供这个人选择的各种相互替代的功能性活动的组合”④。也就是说，一个人的生活境遇并不一定由他所拥有的物质存量所决定，而是取决于他所能够实现的功能，而功能的实现要受到个人能力的制约，这种能力在现实生活中主要表现为长期持续获得收入的能力。

传统的分配态势往往过于注重后果层面上的实际所得，却弱化了主体应当具备的可能机会和选择能力，这却正是参与实践活动的主观能动的人必然具有的精神层面上的实然过程，不应当被弱化乃至忽视。所以阿马蒂亚·森指出：“可行能力的概念是从功能中衍生出来的，它包括关于一个人能够选择

---

① ［印］阿马蒂亚·森：《以自由看待发展》，任赜、于真译，中国人民大学出版社 2002 年版，第 62 页。

② ［印］阿马蒂亚·森：《以自由看待发展》，任赜、于真译，中国人民大学出版社 2002 年版，第 30 页。

③ ［印］阿马蒂亚·森：《以自由看待发展》，任赜、于真译，中国人民大学出版社 2002 年版，第 62 页。

④ ［印］阿马蒂亚·森：《以自由看待发展》，任赜、于真译，中国人民大学出版社 2002 年版，第 63 页。

的功能组合的所有信息。实际选择的功能组合显然是所有可行的功能组合中的一个。”① 按照阿马蒂亚·森的理解，可行能力同时关注人实际从事的功能活动和潜存的功能活动选择两个方面，并且其更加注重完全一样的实现功能掩盖下的优势上的区别。阿马蒂亚·森认为只有实质机会得到充分保障的人才是更加自由、更为全面的人，他才具有了社会机会层面上的有效保障。这种思考当然是以后果为依据的评价体系不可比拟的。“在思考一个负责任的成年人所具有的优势时，应从获得的自由（实际机会的组合所赋予的）而不是事实成就的角度，来看待个人对于社会的诉求。”② 置于实证案例中，阿马蒂亚·森利用可行能力方法对多样的贫困现象予以详尽分析，并将其主要归因于对可行能力的剥夺，从而指出可行能力贫困所造成的社会影响在其根源上远甚于收入贫困的影响。阿马蒂亚·森认为“对收入而言的相对剥夺，会产生对可行能力而言的绝对剥夺……在普遍富裕的国家，要花更多的收入购买足够的商品以实现同样的社会功能性活动”③。这类现象在以效用为基准的社会评价体系中往往无法得以昭示，而从可行能力方法对贫困进行分析则能引起足够的重视。据此，阿马蒂亚·森呼吁我们无论在分配家庭内部的设施或机会时，还是在社会公共政策体系中合理界定社会福利资源的配置问题时，都需要超越收入层面的单向度方法，将解决特定群体面临的社会机会匮乏作为解决贫困等一系列由实质层面的不平等所引起的复杂社会问题的切入点，将保障、丰富社会成员的实质参与机会作为社会发展向度中的轴心。“事实上，可行能力方法正式提出了超越对于生活手段的关注，而转向实际的生活机会的视角。”④

对于各个福利国家来说，可以通过制定社会福利政策减少贫困，但不会完全消除贫困。在现实实践中，各国大多采取通过社会福利支持和帮扶的形式来加以解决，已达到减少贫困、减缓贫困和消除贫困的目的。减少贫困是

① ［印］阿马蒂亚·森：《正义的理念》，王磊、李航译，中国人民大学出版社 2012 年版，第 218 页。

② ［印］阿马蒂亚·森：《正义的理念》，王磊、李航译，中国人民大学出版社 2012 年版，第 220 页。

③ ［印］阿马蒂亚·森：《以自由看待发展》，任赜、于真译，中国人民大学出版社 2002 年版，第 87 页。

④ ［印］阿马蒂亚·森：《正义的理念》，王磊、李航译，中国人民大学出版社 2012 年版，第 216 页。

指减少贫困发生的数量和可能性，缓解贫困是指对已经发生的贫困减缓其贫困程度，消除贫困则是一个比较彻底性的概念，从根本上消灭贫困现象的发生。一般来说，社会福利都是通过扶贫和减贫的方式来逐步消除贫困。扶贫（Poverty Alleviation）一词的重点在于“扶”，即对贫困问题直接地参与和作为，是面向贫困群体的行动概念。目前针对贫困的福利措施通常有两大类。一类是积极的授人以渔的“造血式”扶贫福利，指政府和社会通过制定一系列制度和措施，增加具有正常劳动能力的失业贫困人员的就业机会，提高他们的劳动生产率，来增加贫困家庭的可支配收入，以达到减少贫困的目的。另一类扶贫福利则是授人以鱼的“输血式”福利，指使用包括生产性和分配性的制度政策，直接或间接增加所有贫困人员的收入，如直接给儿童、贫困家庭提供援助，发放现金补贴或代购券，免税和免费提供各种公共服务等。“授人以鱼”与“授人以渔”这两种方式并不矛盾，“输血式”直接援助一般在比较急需的情况下提供，“它们是为不受保护的人群提供直接保护所不可缺少的手段”①；“造血式”扶贫福利更能从长远上根本地解决贫困问题。总之，要通过个人和社会的共同努力，在政治、经济、社会、文化等多方面消除致贫因素。首先满足人们最基本的物质生活的需求，其次在环境建设和能力建设的过程中提升自立于社会的能力，最后在兼顾公平与效率的过程中注重公平，缩小差距，实现共同富裕。

三　精准扶贫——新时代中国特色的扶贫福利方略

摆脱贫困是20世纪到21世纪全球发展理论和实践面临的难题之一，也是各国福利事业奋斗的主要目标。贫困是历史和社会的产物。“贫困水平是同政府政策的质量、社会的态度和行动联系在一起的”②，在世界各国贫困差距不断加大的社会环境中，仅仅依靠个体的努力来改变贫困状态越来越困难，因此必须从国家制度层面增加供给，帮助贫困人口补上福利缺口。中国作为世界上最大的发展中国家，在2000年之前，中国贫困人口规模庞大、贫困问题较为复杂、贫困福利较为薄弱，消除贫困是中国共产党自中华人民共和国

① ［印］阿玛蒂亚·森等：《以人为本：全球化世界的发展伦理学》，马春文、李俊江等译，长春出版社2012年版，第235页。

② ［印］阿玛蒂亚·森等：《以人为本：全球化世界的发展伦理学》，马春文、李俊江等译，长春出版社2012年版，第233页。

成立以来，尤其是改革开放以来最为重要的工作之一。

2005年中国提前10年实现了联合国制定的2015年全球极端贫困人口减半的减贫目标。2015年联合国大会提出到2030年消除一切形式的贫困。2021年2月25日，习近平总书记宣布，我国脱贫攻坚战取得了全面胜利，现行标准下9899万农村贫困人口全部脱贫，832个贫困县全部摘帽，12.8万个贫困村全部出列，区域性整体贫困得到解决，完成了消除绝对贫困的艰巨任务。中国又提前10年实现联合国设定的减贫目标。[①] 这一切都与我国提出的“精准扶贫”方略紧密相关，笔者认为“精准扶贫”不仅是独具特色的中国减贫之路，也是新时代中国解决农村绝对贫困的福利方略。在中国实施“精准扶贫”方略之前，也经历了较长时期的贫困治理过程。

1. 2010年前中国农村贫困治理福利政策变迁回顾

贫困治理是新时代以来中国共产党提出的新话语。自人类社会产生以来，贫困就成为人类追求美好生活的阻碍，贫困治理从人类社会发展的角度把对贫困的作为看作一项长久的事业，它不反对在某一历史阶段对贫困采取高密度、高强度的超常规作为，集中力量办大事；但从国家长期发展来看，是把对贫困的治理纳入国家治理、国民经济和社会发展的一部分。因此，贫困治理的概念是过程和结果的统一体。

我国贫困治理主要分为两个不同的阶段：一个是自中华人民共和国成立到改革开放前夕（1949—1978年），这一时期的扶贫政策是基于平均福利的救济式扶贫；另一个是改革开放以后，扶贫工作依托经济发展，采用以科层制为基础的多部门参与式综合扶贫。改革开放以后的扶贫政策可以详细划分为以下五个阶段。

1978—1985年，体制改革式的减贫效应集中释放阶段。首先通过改革土地经营方式使农民获得了对土地的自主经营权和农产品的自主处理权，通过变革农产品交易制度使不同分工的农民都有了获取劳动收入的渠道，基本生活需求有了保障。为了扶助老少边穷地区和“三西”地区发展，中国设立了针对这些地区的专项资金，并减轻纳税负担，为经济发展和脱贫致富提供了强大支持。1984年，中国开始实施以工代赈福利工程，使贫困人口参与建设政府在农村投资建设的基础设施工程，既为农村发展提供了必要的硬件措施，

① 参见李小云《深刻理解和把握中国特色反贫困理论》，《光明日报》2021年3月22日。

又增加了贫困人口的收入。此外，党中央还通过对口支援的方式对贫困地区进行技术扶贫、教育扶贫等，帮助贫困地区发展起步，增强“造血”能力，获得可持续发展的能力。

1986—1993年，针对贫困县的开发式扶贫阶段。20世纪80年代中期起，体制改革式减贫的边际效应逐渐下降，党中央提出了以经济开发和自我能力开发为主的开发式扶贫的方针。国务院于1987年发布了《关于加强贫困地区经济开发工作的通知》，明确了开发式扶贫以“促进区域增长”为主要目标。党中央和国务院于1986年6月成立了专门的机构——国务院贫困地区经济开发领导小组来主持全国扶贫工作，相关省、自治区、直辖市、县级政府等也成立专门部门。针对扶贫资源有限与需求面大的矛盾，党中央开始建立区域性集中连片扶贫开发机制，由此产生了针对贫困县的瞄准式扶贫方式。确定了贫困县后，国家针对贫困地区出台了一系列的优惠性政策，集中体现在信贷和财税上，同时在人才扶持、科学技术扶贫和乡镇企业发展上也给予优惠和支持。

1994—2000年，县级瞄准的综合性扶贫阶段。国务院在1994年3月提出了《国家八七扶贫攻坚计划》（简称《八七计划》），计划提出在20世纪的最后七年，力争减少贫困人口和返贫人口，加强各地基础设施建设，提高文化、教育、卫生水平，这一计划是我国第一次正式提出的有明确目标、期限和措施的扶贫行动计划。1994年，我国根据贫困人口的变化重新划定了贫困县的标准，贫困县数量由331个增至592个，其中重点县覆盖的贫困人口占全国的54%。《八七计划》中提到，1994年到2000年，每年再增加10亿元扶贫贴息贷款和以工代赈资金，各地区每年要从发展资金中拿出一部分支持扶贫项目。同时，还鼓励各类民间扶贫团体也作为扶贫事业的重要参与力量共促大业。1999年下半年，旨在缩小东西部发展差距、解决西部地区贫困问题的“西部大开发”战略出炉，这一战略主要从财政、教育和卫生等方面对西部进行援助，对西部地区摆脱贫困意义重大。

2001—2010年，整村推进的参与式扶贫阶段。2002年，我国根据亚洲开发银行专家组提出的贫困指数在全国范围内确定了14.8万个贫困村，由农户自己选择道路建设、产业开发、移民搬迁、饮水条件、沼气、学校六大项目。随着经济结构的调整变化，我国的劳动力市场出现了供需失衡，在这样的背景下，国家推出了“阳光工程”“雨露计划”等一系列劳动力转移培训措施。

到2000年，我国累计培训贫困人口劳动力达400万人次，极大地推动了贫困事业的发展。进入21世纪后，我国开始重视贫困地区的特色产业化发展。党中央提出了一系列政策支持，包括土地使用政策、税收优惠政策、社会帮扶政策等。2004年到2009年，党中央连续五年发出一号文件，指导农村农业工作，其中有几项政策创新，建立农村低保制度、税费改革、对全国所有接受农村义务教育的贫困学生实行“两免一补”、推行新型农村合作医疗制度等。

2011—2020年，中国的贫困治理进入了瞄准贫困户的精准扶贫阶段。精准扶贫是我国贫困治理工作的亮点与精髓，也是有中国特色的福利方略。

2. “精准扶贫”的内涵及伦理特质

首先，“精准扶贫”的内涵。“精准扶贫”这一概念是中国提出的有关治理贫困的特色概念。学术界目前对于“精准扶贫”并没有明确定义，我认为可以理解为精准识别贫困对象，精准判定致贫原因，精准实施帮扶措施，精准扫除脱贫障碍，精准考核贫困退出机制从而实现贫困对象的可持续性脱贫。即在精准识别贫困对象及其贫困现状，科学评估主体扶贫能力提升的基础上，解决“扶持谁、谁来扶、怎么扶、如何退”的问题。具体为扶贫中的“六个精准”：扶贫对象精准、项目安排精准、资金使用精准、措施到户精准、因村派人精准、脱贫成效精准。

“扶贫瞄准失灵、扶贫措施不到位、扶贫效果不显著，是国际减贫领域面临的共同难题。”① 精准扶贫首先要精准识别贫困对象，即确定“扶持谁”，中国采用“建档立卡”的方法，确立了14个集中连片特困区、832个贫困县和12.8万个贫困村以及9899万农村贫困人口。然后对此精准分类施策，针对基本生存资料匮乏的群体，将“两不愁三保障”② 作为底线标准。针对脱贫乏“志”与脱贫乏“智”的群体，通过发展教育阻断贫困代际传递，通过开展职业技能培训等使劳动者获得必要的知识与技能，实现了短期扶贫与长远脱贫有机结合，“输血”与“造血”相结合；同时对贫困群众进行思想引导，激发贫困人口摆脱贫困的积极性、主动性和创造性，形成贫困治理的强大合力。对于“谁来扶”的问题，构建多元化的治理主体，发挥政府和社会两方面的作用，促

① 李小云：《深刻理解和把握中国特色反贫困理论》，《光明日报》2021年3月22日。

② “两不愁”是贫困人口不愁吃、不愁穿；“三保障”是保障其义务教育、基本医疗和住房安全，是农村贫困人口脱贫的基本要求和核心指标。

使各国和国际社会各种力量共同参与。对于“怎么扶”的问题，则是因人因地施策，因贫困原因施策，因贫困类型施策，通过“五个一批”，即发展生产脱贫一批、易地搬迁脱贫一批、生态补偿脱贫一批、发展教育脱贫一批、社会保障兜底一批来解决，锁定7000多万农村贫困人口，建档立卡，分类施策，不留锅底。围绕内源扶贫提出大力开展产业扶贫、精神扶贫与生态扶贫，推动东西部扶贫帮扶协作，东部9省市共向扶贫协作地区投入财政援助和社会帮扶资金1005亿多元，东部地区企业向扶贫协作地区累计投资1万多亿元。①

精准扶贫中，发挥好贫困人口摆脱贫困的内生动力非常重要。著名学者奥斯卡·刘易斯（Oscar Lewis）从贫困文化的视角指出，贫困人口之所以难以摆脱贫困是因为他们被这种与主流文化相对脱离的贫困亚文化束缚，并表现为一种对贫困的适应状态。② 鲁思·本尼迪克特曾提出了“耻感文化”与“罪感文化”之别③；还有学者从贫困人口的心理角度出发认为他们之所以安于现状并不是没有进取之心，而是因为他们本身资源匮乏导致容易失败，失败又进一步增加了他们的羞耻感，久而久之就只能陷入贫穷而无法自拔。著名经济学家阿马蒂亚·森认为在文化和发展之间有着各种各样的纽带，他指出，贫困与文化、与价值观有紧密联系。“文化似乎成了与贫困相抗衡的重要因素”，“对穷人而言，他们的价值观经常是他们能够确认的一切”④，“一个社会的价值观念将显著地影响发展的努力”⑤。可见，以上理论都说明扶贫中对贫困群体“扶志”的重要性与必要性。针对这一问题，中国通过弘扬社会主义核心价值观培养贫困人口勤劳致富的思想观念，通过倾听贫困人口的需求与呼声强化贫困人口的获得体验与治理自觉，通过提升硬件设施、优化师资队伍、网络资源共享等发展贫困地区教育事业阻断贫困代际传递，通过职业技能培训提高贫困人口文化素质和就业能力；通过加大对贫困人口创业政策扶持和技术支持激发贫困人口创新的内在动力；通过整体搬迁，发展绿色产业为贫困人口打造宜居环境和产业

---

① 参见李小云《深刻理解和把握中国特色反贫困理论》，《光明日报》2021年3月22日。

② 参见王兆萍《贫困文化的性质和功能》，《社会科学》2005年第4期。

③ 参见［美］鲁思·本尼迪克特《菊与刀》，东阳译，北方联合出版传媒集团2015年版，第188页。

④ ［印］阿玛蒂亚·森等：《以人为本：全球化世界的发展伦理学》，马春文、李俊江等译，长春出版社2012年版，第192页。

⑤ ［印］阿玛蒂亚·森等：《以人为本：全球化世界的发展伦理学》，马春文、李俊江等译，长春出版社2012年版，第191页。

发展环境。通过这一系列措施，实现了精准扶贫，完成了消灭绝对贫困的目标。所以，“中国既不是一个仅通过快速的工业化而崛起的国家，也不是一个仅通过出售本国自然资源而变得富裕的国家，同时也不是一个仅通过刻意追赶先发国家而接近发达国家水平的国家，中国的发展是由于带有鲜明的中国特色”①。

其次，“精准扶贫”的福利伦理特质。由上可见，中国精准扶贫的福利方略在路径上是坚持以改革、解放生产力、发展生产力、提高生产率，激发广大农民主体的劳动积极性，提高他们可能力为主，是以工代赈，“造血”为主，同时也激励社会各方面参与扶贫减贫的积极性，对贫困地区和贫困群体进行援助，以城带乡、以工哺农，即既“授人以鱼”又“授人以渔”，坚持以经济增长带动减贫、脱贫，通过在农村土地、农业生产支持、农村综合发展、农村社会发展等方面的政策制度创新，为实现大规模减贫战略实施奠定坚实的基础。所以我国的“精准扶贫”若作为一种社会福利来看有以下伦理特质。

第一，“精准扶贫”是中国福利制度伦理对西方福利制度伦理的超越。笔者曾在《英国福利制度的伦理考量及启示》一文中指出，“制度是在一定社会历史条件下形成的正式规范体系以及与之相适应的通过某种权威机构来维系的社会活动模式。任何制度都蕴含了一定的伦理追求、道德原则和价值判断。制度的合道德性是制度存在的必要基础之一”②。“精准扶贫”是中国为缩小社会经济差距，推进公平正义，实现人民共同富裕，从国家顶层设计的一项福利制度安排，是国家为帮助我国农村贫困群体脱贫补上的福利缺口，彰显了中国以人为本、福利共享的伦理理念和价值追求，因此它具有内在的道德合理性和伦理意蕴。

美国学者詹姆斯·K. 加尔布雷思指出：“从大卫·李嘉图到约瑟夫·熊彼特，再到米尔顿·弗里德曼，经济学家一直反对采取集体行动解决贫困。”③西方主流的反贫困理论大都从经济发展上来考量，主张通过发展经济来制止贫困，认为只要保持社会经济不断高速发展，即使没有政府的干预，经济发

① 《中国脱贫事业成功，这三个理论也获得了验证》，https://mp.weixin.qq.com/s/KtyPTg8ErOv8knv4nS0zrw。

② 庞永红：《英国福利制度的伦理考量及启示》，《道德与文明》2010 年第 3 期。

③ ［美］詹姆斯·K. 加尔布雷思：《关于衡量和缓解贫困的重新思考：评乌达亚·瓦格尔的文章》，《国际社会科学杂志》（中文版）2019 年第 3 期。

展的溢出效应也会通过涓滴效应自发地影响到贫困群体从而解决国家的贫困问题，然而现实却并非如此，随着当今世界经济的飞速发展，贫富差距却越来越大，贫困陷阱越来越多，“即使在世界其他地区发展都有所改善的情况下，最贫穷地区的最贫穷人民仍然发展缓慢”①，导致一个社会财富的不平等会影响整个社会的稳定和安全。所以汤之敏强调，“贫困问题是市场失灵的表现，必须通过政府干预来纠正”②。政府的干预和通过再分配的转移性支付是完全必要的。事实上，无论是国与国之间的援助还是国家内地区间或是群体间的转移支付都不能被理解为是无偿的馈赠，应该看到的是，贫困状况的改变可以一方面推动整个社会综合水平的提升，另一方面从经济发展的角度考量，有效地转移支付带来的是贫困人口经济能力的提升，他们随之创造巨大的就业和购买力，拉动市场和消费，从而会提升整个社会经济的发展。所以说援助和扶贫不仅不是施舍，而是为国家、地区和大家提供一个稳定良善的社会秩序和发展致富的社会环境和条件，为广大贫困群体创造一个均等发展的机会，因此扶贫也是降低社会不平等的必要的制度安排。

“精准扶贫”的主要区域集中在我国西部（西南、西北），这些区域的贫困人口占到了全国贫困人口的大多数，他们生活的贫困和经济的落后不仅直接影响到全国市场的一体化和整体经济的发展，还影响和制约着东部发达地区的发展，所以国家通过转移支付、对口支援等方式来缩小东西部贫富差距。近十年以来，我国贫困地区的发展以及贫困人口福利水平的改善一方面得益于国家经济发展的推动，贫困地区人民的不懈努力和艰苦奋斗，但也同时离不开国家对贫困地区大规模的转移支付，国家对贫困地区的教育、医疗、人畜饮水以及交通等基础设施不计成本的投入，这些合力已极大改变了贫困地区的面貌，贫困地区和贫困人口的整体福利水平已经有了根本的改善。与此同时，“精准扶贫”还为国际贫困治理提供了重要借鉴，为其他发展中国家提升贫困治理能力提供了重要参考。所以联合国秘书长古特雷斯称赞道：“精准扶贫方略是帮助贫困人口、实现2030年可持续发展议程设定的宏伟目标的唯一途径，中国的经验可以为其他发展中国家提供有益借鉴。”③

---

① ［美］比尔·盖茨：《中国为解决全球发展不平等带来曙光》，《人民日报》2019年10月1日。

② 转引自黄发红等《中国减贫为世界树立典范——国际社会积极评价中国脱贫攻坚成就》，《人民日报》2018年3月12日。

③ 转引自顾仲阳、常钦《创造人类反贫困史的中国奇迹》，《人民日报》2020年10月3日。

第二，“精准扶贫”体现了对处于最不利地位的人之伦理关切。美国著名学者约翰·罗尔斯在谈到社会正义原则时曾指出：一个正义的社会的经济不平等应有利于最不利者或“最少受惠者的最大利益”。但“严重的困难是怎样确定最不利的群体（the least fortunate group）”[①]，中国的“精准扶贫”解决了这一难题，通过贫困识别对“扶持谁”有了精准的定位，即对真正处于绝对贫困的不利群体给予了精准的扶持和帮助，体现了对我国处于最不利的贫困群体的伦理关切。为此中国实行了建档立卡的贫困识别，2014 年共识别出 12.8 万个贫困村，8962 万贫困人口，2015 年又补录贫困人口 807 万，剔除识别不准人口 926 万[②]，解决了中国广大农村处于最不利地位的贫困群体的绝对贫困问题。不仅如此，还提出对贫困人口中完全或部分丧失劳动能力的人，由社会保障来兜底；新型农村合作医疗和大病保险政策要对贫困人口倾斜，这些特殊政策，无不体现了对中国广大农村处于最不利地位的贫困群体的伦理关切。所以，联合国粮农组织驻华代表马文森（Vincent Martin）亦表示，若没有中国的贡献，联合国 2030 年可持续发展目标中的脱贫目标将不可能实现。联合国《人类发展报告》中明确指出，人是一个国家的真正财富，发展的基本目标就是为人创造一个能享受长寿、健康和有创造性的生活的环境。人类发展就是扩大人的选择范围的过程。缩小社会发展地区差距和减少弱势群体应该是发展的重要目标，是发展质量的重要表征。

第三，“精准扶贫”体现了中国政府主导的责任担当。在中国“精准扶贫”的实践中，政府主导了脱贫减贫全过程，建立起了脱贫攻坚责任体系。首先，通过中央统筹，省负总责、市（地）县抓落实，多层级政府间合力协作的制度安排，提升政府扶贫的整体效能。从而解决了“谁来扶”的问题，体现了中国政府的责任担当。例如贫困省份负责人向中央签署脱贫责任书，立下军令状，形成省市县乡村五级书记抓扶贫的工作格局；普遍建立干部驻村制度，全国选派了 77.5 万名干部驻村扶贫，这在其他国家是不可想象也做不到的。其次，政府的责任担当还体现在提出的“五个一批”措施，解决了“怎么扶”的问题。无论是发展生产、易地搬迁，还是生态补偿、发展教育、

---

① ［美］约翰·罗尔斯：《正义论》，何怀宏、何包钢、廖申白译，中国社会科学出版社 1988 年版，第 93 页。

② 参见王健君《精准脱贫：反贫困斗争的中国创造》，《瞭望》2019 年第 41 期。

社会保障兜底，都需要政府去实实在在地实施，去肩负责任的实干，才能完成，这其中承担了异常的艰辛和巨大的道德风险和政治风险。尤其是不计成本，实现1000万贫困人口的易地搬迁安置，充分体现了中国共产党和中国政府的责任担当和政治勇气。

第四，"精准扶贫"弘扬了和衷共济、团结互助的美德。"每个人的福利都依靠着一个社会合作体系，没有它，任何人都不可能有一个满意的生活。"① 在中国的"精准扶贫"中，充分体现了和衷共济、团结互助的美德。中国贫困地区主要在西部，而东部则承担了帮扶的责任。东西结对帮扶是中国扶贫的一大亮点。中国东部267个经济强县、市、区结对帮扶西部406个贫困县。不仅如此，中央310个单位定点帮扶592个贫困县，实施"百县万村"行动、"万企帮万村"行动等②，大家齐心协力，每个人都成为扶贫的践行者、亲历者，没有旁观者，充分体现了中华民族的凝聚力和共济性，体现了中国人民守望相助、和衷共济的美德。

第五，"两不愁三保障"体现精准扶贫的人道福利底线。"两不愁三保障"是中国精准扶贫的人道福利底线，是对西方福利理论的超越和创新。"两不愁"即不愁吃、不愁穿，"三保障"即义务教育、基本医疗、住房安全有保障。让贫困人口住上安全房，喝上放心水。小病不出乡村，大病负担明显减轻，不让一个适龄孩子因贫失学等都集中体现了"精准扶贫"以扶贫对象需求为导向，扶贫资源供给与扶贫对象需求有效衔接，体现了以人为本的伦理意蕴和福利底线。

总之，正如习近平总书记在2022年的新年贺词中说："摆脱贫困是我们党给人民的交代，也是对世界的贡献。让大家过上更好生活，我们不能满足于眼前的成绩，还有很长的路要走。"

---

① ［美］约翰·罗尔斯：《正义论》，何怀宏、何包钢、廖申白译，中国社会科学出版社1988年版，第98页。

② 参见王健君《精准脱贫：反贫困斗争的中国创造》，《瞭望》2019年第41期。

结语　新时代中国社会福利建设的伦理展望

人类一切活动的最终目的是社会全体成员幸福的普遍实现。对于什么是幸福？不同的人有不同的回答和解释。修昔底德视幸福是自由；阿奎那视幸福为满足；亚里士多德把幸福看成人类的至善，认为幸福是灵魂合于完满德性的实现活动，是人的本质属性的实现；穆勒视幸福为利益；霍布斯视幸福为欲望的满足；还有许多思想家视幸福为贡献、创造，等等。关于幸福问题，历来探讨总是围绕着幸福是主观的还是客观的，是物质的还是精神的，是短暂的还是持久的，以及幸福与人性、幸福与利益、幸福与德性、幸福与享乐等展开，这实际上还是从个体的视角来探讨幸福。如果从群体的角度，从国家、社会普遍的角度来探讨社会幸福，那么让全体人民特别是贫困的弱势群体感受到幸福，从某种程度上讲，是一个国家、一个社会幸福的真正内涵和衡量标尺。

所以幸福从宏观层面以不同的社会组织或群体为主体，以其目标的实现程度为幸福指示，即幸福社会体现为各群体的幸福，幸福社会蕴含着各群体的平等性、共享性的深刻意蕴，但同时幸福在微观层面是以个体为主体的，最终落实到每一个具体的、活生生的个人身上。王韶光曾提出，影响个体幸福的几个主要的客观因素是：基本需求的满足、收入水平、安全感、平等、友情、亲情等。其中基本需求的满足对幸福感非常重要。① 这对于贫困弱势个体来说更是如此。因为贫困的弱势个体都是收入低、得到公共服务和社会福利比较少的人，所以补齐福利短板，让贫困弱势群体感受到幸福对一个国家、一个社会来说十分重要。因此在新时期的中国，在构建和谐、幸福社会，实现中国梦的当下，没有比关注贫困者的幸福和感受，更有价值、更有意义的了。评价一个社会的幸福和谐，不是看强者的生活有多从容、多安逸，而是要看底层贫困弱势群体获得公平和幸福的指数有多高。弱者满怀希望，国家

---

① 参见王韶光《共同富裕与国民幸福》，《上海国资》2012 年第 2 期。

就满怀希望；弱者感受到幸福，国家就充满了幸福。所以今天我们谈论幸福，当然是指14亿中国民众的幸福，这种幸福感绝对离不开基本的物质基础。吃不饱、穿不暖肯定不幸福，孩子不能得到同样的上学机会肯定不幸福，有病看不起肯定不幸福……因此，提升贫困群体的幸福指数，改善他们的福利，增强他们的安全保障对整个社会的幸福非常重要。所以，考虑贫困群体的幸福与否是当前中国语境下幸福理念的题中应有之义。

美国哲学家约翰·杜威（John Dewey）在《哲学的改造》一书中说过这样一段话："人的社会性之核心在教育中……当道德过程和特殊成长过程的一致性得以实现时，人们将会看到，童年人的更为自觉的和正式的教育，将成为社会发展和重组的最为经济和有效的工具，并且对成年生活常规的检验，显然就是这些常规在促进继续教育方面的效果。政府、商业、艺术、宗教，一切的社会制度都具有了一种意义，一种目的。这一目的就是不问种族、性别、阶段或经济地位如何而去解放和发展人类个体的能力。这对于下述说法也是一样的，即检验它们的价值的标准就是它们教育每个人使其能力达于极致的程度。民主有多种意义，然而如果它有一种道德的意义的话，这一意义就在于它决定了所有的政治制度和工业组织的最高检验标准，就是它们对每个社会成员的全面成长所作的贡献。"① 而中国的精准脱贫，不仅帮助贫困地区人民群众从根子上摆脱了物质贫困，还带领贫困地区的人民摆脱了"发展贫困""思想贫困"，向全世界呈现了新时代中国政府和中国共产党的奋斗所在，也为世界的减贫事业作出了巨大贡献。

2021年6月19日，中央电视台综合频道黄金时段连续播出两集纪录片《搬出大山》，该片以扶贫搬迁为线索，以大量的事实真实地呈现了我国精准扶贫为上千万贫困地区人民带来的社会福利，带来的新的生活，表明社会福利与人民幸福关涉，导向全体社会成员的美好生活需要。迈步新时代，社会福利的定位与功能，理应随着社会发展而进步，与人民美好生活诉求的新升级，而向更高层级跃迁。当前，"我国社会福利保障已实现'从无到有'，正进入到'从有到优'的高质量发展阶段"②。在定位上，社会福利应实现"生

① ［美］约翰·杜威等：《实用主义》，杨玉成、崔人元编译，世界知识出版社2007年版，第262页。

② 林闽钢：《"十四五"时期社会保障发展的基本思路与战略研判》，《行政管理改革》2020年第12期。

存”层面向“生活”层面的跃升，功能上从“救济”向“赋能”转向，“使人民获得感、幸福感、安全感更加充实、更有保障、更可持续”①。

第一节　由“生存”到“生活”，增强人民获得感

迈步新时代，人民已然越过了生存的基准线，所渴望的福利状态，不再只是脱离匮乏的生存境态，社会福利在维持生存层面带给人们安全感，终究无法替代以幸福生活为终极指向的福祉意义。新时代人民在纵向上与过去的自己比较的同时，也在横向上与当今世界的发达国家的福利水平比较，人们期盼过上更加美好的幸福生活，于其中每个人的物质精神、文化生态等各方面的合理需求，均能通过社会福利得以最大限度的满足与提升，能力与个性得以最全面的发展，自我实现的机会以最大化的形态呈现。社会福利始终致力于人民幸福的增进，新时代更高水平、更优质量、更有尊严的幸福生活需要，决定了社会福利的定位与功能，必然随着社会发展的进步，与人民美好生活诉求的新升级，而向更高层级、更广阔的领域跃迁、开拓。

首先，社会福利应提升人民文化康乐福祉，所以要大力发展普惠的公共服务福利。人们穷其一生能够追求而来的物质财富是有限的，而主体条件的改善却具有无限可能。人具有丰富、多维且充盈的精神世界，文化康乐构成了幸福不可或缺的精神之维。“要促进人民精神生活共同富裕”，要“不断满足人民群众多样化、多层次、多方面的精神文化需求”②。因此要稳健发展文化康乐福祉，提供公众能够广泛参与的公共文化服务与活动设施，如图书馆、博物馆、美术馆、群众文化馆、文体康乐中心等文化场馆的免费服务，让广大人民群众，在充分的共建共享文化参与中，涵养自身的文化世界，形成认同与满足感，在公共文化产品与服务的真切享用中，积淀获得感，提高精神境界，精神与文化世界康乐、充盈的人们，更具智慧地投身创造，追求、实现幸福。

其次，社会福利应增进人民生态美好福祉，生态环境关涉人类福祉，是

---

① 《习近平谈治国理政》第三卷，外文出版社2020年版，第35页。

② 杨宜勇、王明姬：《迈向共同富裕社会建设之路》，人民出版社2022年版，第17页。

衡量人民生活质量与水平的重要指标。“环境就是民生，青山就是美丽，蓝天也是幸福。”[①] 随着中国经济社会的发展，新时代人民从“求温饱”“盼生存”转向“盼环保”“求生态”，对美好生态的福利需求越发强烈，习近平总书记指出：“我们的人民热爱生活，期盼有……更舒适的居住条件、更优美的环境……生活得更好。”[②] 因而稳定增进人民生态美好福祉，让人民在天青、地绿、水澈、树密的健康生态中，安康生活、幸福生产，在最普惠且优质的公共生态产品享用中，提升获得感，最大限度地实现人的自由全面发展。

第二节　对弱势群体从“救济”向“赋能”，提升人民价值感

《共产党宣言》中，马克思曾强调，要“实行普遍劳动义务制，建立产业军，特别是在农业方面”[③]。在他看来，正是普遍义务劳动制，使得人们明确意识到，社会福利绝非无条件、无限制的施予，而是适度辅助下经由自身能劳动的手、会转动的大脑，换取而来的生存生产资料的享用。奥肯也说，“有了工作机会，才能产生工作动力和工作道德”[④]，可见传统的对福利对象“输血”式缺之补之，需之予之，目标旨在保障其基本生存，单纯给予性质的救济型社会福利只针对特定的群体，一是没有劳动能力的群体，一是暂时处于困境的群体。对于暂时处于困境的群体，只能解燃眉之急，而无法长效持存。新时代积极的社会福利，理应是“赋能”发展型的受助者自助，即肯定弱势人群本身具有的潜能，并通过教育赋能、技术增能等路径，辅助其潜能释放与综合能力提升，从而打破低落与无能感，重拾自信与自尊，重建自我价值，相信自己有责任，更有能力去从事改善自身生活，扭转现有劣势境况，导向幸福未来的劳动创造，拥有更有尊严的美好生活。

首先，全面而有质量的教育赋能。关于社会总产品的再分配，马克思扣

---

① 《习近平谈治国理政》第二卷，外文出版社 2017 年版，第 209 页。

② 《习近平谈治国理政》，外文出版社 2014 年版，第 4 页。

③ 《马克思恩格斯文集》第 2 卷，人民出版社 2009 年版，第 53 页。

④ ［美］阿瑟·奥肯：《平等与效率——重大抉择》，王奔洲等译，华夏出版社 2010 年版，第 134 页。

除了“满足共同需要的部分如学校、保健设施等”①。马克思尤为重视教育，他曾主张，要“对所有儿童实行公共的和免费的教育”②。新时代中国，教育依旧是全社会最大的公共事业，在弱势人群知识与能力的提升中，发挥着不可小觑的作用。“中国农村免费义务教育全面实现，高等教育完成由精英教育向大众教育的跨越”③，使弱势人群在更多公平而有质量且覆盖全面的教育中，形成扎实的知识储备，生成健全的个性品质，提升个人的综合素质，形成完备的能力系统。

其次，专业而更精深的技术增能。幸福不会从天而降，离不开劳动创造，马克思认为“现代的工人只有当他们找到工作的时候才能生存”④。就业是弱势群体实现人生价值、融入社会，从根本上优化生活状况的重要路径，正如习近平总书记所言：“就业是最大的民生。”对弱势群体的可行能力进行综合评测，并对其展开科学系统培训，使掌握娴熟技能的弱势群体，有独立就业、创业的可能，于劳动创造中，不断肯定自我、确证自身价值。社会福利资源有限，而人之创造空间无限，技术增能使得弱势群体各尽其长、各展其能，未来脱离社会福利的辅助，也能靠双手与大脑创造社会财富，过上体面、有尊严、有价值感的幸福美好生活。

最后，社会福利要尽力而为、量力而行。2022 年新年伊始，中国政府便发布了《“十四五”公共服务规划》。该《规划》明确提出，要推动实现全体公民都能公平可及地获得大致均等的基本公共服务，中国的公共福利到 2025 年的主要目标是逐步实现“幼有善育、学有优教、劳有厚得、病有良医、老有颐养、住有宜居、弱有众扶”⑤。这一《规划》为我国今后几年社会福利的快速提升确定了明确的目标。但同时我们要看到，中国仍然是发展中国家，所以我们要充分考虑经济发展状况和财政负担能力，社会福利要尽力而为、量力而行。既要关注回应国民的呼声，统筹各渠道资源，切实兜牢基本民生保障底线，又要合理引导社会预期，不好高骛远、不过度承诺，实现社会福

① 《马克思恩格斯文集》第 3 卷，人民出版社 2009 年版，第 433 页。

② 《马克思恩格斯文集》第 2 卷，人民出版社 2009 年版，第 53 页。

③ 杨凤城、朱金鹏：《中国共产党的百年奋斗与全面建成小康》，《新华文摘》2021 年第 6 期。

④ 《马克思恩格斯文集》第 2 卷，人民出版社 2009 年版，第 38 页。

⑤ 《“十四五”公共服务规划》，http://www.gov.cn/zhengce/zhengceku/2022-01/10/content_5667482.htm。

利与社会经济发展水平“同频共振”。我们要吸取西方一些国家因“福利主义”导致的“福利依赖”的教训，真正实现稳步提升社会福利和公共服务保障水平，不断满足国民大众对美好生活的需要，努力增进人民的获得感、安全感、幸福感，促进人的全面发展和社会全面进步。

参考文献

【马克思主义经典著作类】

［德］恩格斯：《自然辩证法》，人民出版社 2018 年版。

《马克思恩格斯全集》第 1 卷，人民出版社 1995 年版。

《马克思恩格斯全集》第 2 卷，人民出版社 2005 年版。

《马克思恩格斯全集》第 30 卷，人民出版社 1995 年版。

《马克思恩格斯文集》第 1 卷，人民出版社 2009 年版。

《马克思恩格斯文集》第 2 卷，人民出版社 2009 年版。

《马克思恩格斯文集》第 3 卷，人民出版社 2009 年版。

《马克思恩格斯文集》第 5 卷，人民出版社 2009 年版。

《马克思恩格斯文集》第 9 卷，人民出版社 2009 年版。

《马克思恩格斯选集》第 1 卷，人民出版社 2012 年版。

《马克思恩格斯选集》第 2 卷，人民出版社 2012 年版。

《马克思恩格斯选集》第 3 卷，人民出版社 2012 年版。

《马克思恩格斯选集》第 4 卷，人民出版社 2012 年版。

《邓小平文选》第 3 卷，人民出版社 1993 年版。

习近平：《决胜全面建成小康社会 夺取新时代中国特色社会主义伟大胜利——在中国共产党第十九次全国代表大会上的报告》，人民出版社 2017 年版。

《习近平谈治国理政》第二卷，外文出版社 2017 年版。

《习近平谈治国理政》第三卷，外文出版社 2020 年版。

【中文著作类】

《管子》，姚晓娟译注，中州古籍出版社 2010 年版。

《韩非子》，陈秉才译注，中华书局 2007 年版。

《礼记》，王文锦注译，中华书局 2001 年版。
《论语》，张燕婴译注，中华书局 2006 年版。
《孟子》，万丽华，蓝旭译注，中华书局 2006 年版。
《商君书·去强》，石磊译注，中华书局 2009 年版。
包亚明：《后现代性与地理学的政治》，上海教育出版社 2001 年版。
包亚明：《现代性与空间的生产》，上海教育出版社 2002 年版。
丁建定：《英国济贫法制度史》，人民出版社 2014 年版。
段成荣、杨舸、马学阳：《中国人口流动研究》，中国人口出版社 2012 年版。
冯林：《中国公民人权读本》，经济日报出版社 1998 年版。
韩克庆、黄建忠、曾湘泉：《中美社会福利比较》，山东人民出版社 2012 年版。
黄素庵：《西欧“福利国家”面面观》，世界知识出版社 1985 年版。
纪宝成、刘大椿主编：《中国人民大学中国人文社会科学发展研究报告（2008—2009）：学科整合与热点聚焦》，中国人民大学出版社 2009 年版。
景天魁：《底线公平福利模式》，中国社会科学出版社 2013 年版。
李珍主编：《社会保障理论》，中国劳动社会保障出版社 2013 年版。
罗国杰：《中国伦理学百科全书·伦理学原理卷》，吉林人民出版社 1993 年版。
彭华民：《从沉寂到创新：中国社会福利构建》，中国社会科学出版社 2012 年版。
彭华民主编：《东亚福利：福利责任与福利提供》，中国社会科学出版社 2014 年版。
钱宁：《社会正义、公民权利和集体主义——论社会福利的政治与道德基础》，云南大学出版社 2011 年版。
钱宁：《现代社会福利思想》，高等教育出版社 2006 年版。
冉昊：《福利国家的危机与自我救赎》，北京大学出版社 2017 年版。
谭诗斌：《现代贫困学导论》，湖北人民出版社 2012 年版。
王卫平、黄鸿山、曾桂林：《中国慈善史纲》，中国劳动社会保障出版社 2011 年版。
王子今、刘悦斌、常宗虎：《中国社会福利史》，武汉大学出版社 2013 年版。
韦森：《文化与制序》，上海人民出版社 2003 年版。

徐慎：《说文解字》，上海古籍出版社 2007 年版。
杨荣国：《中国经济思想史》，人民出版社 1954 年版。
姚宝、过文英：《当代德国社会与文化》，上海外语教育出版社 2002 年版。
叶克非：《德国的细节》，江苏凤凰文艺出版社 2019 年版。
郑功成：《论中国特色的社会保障道路》，武汉大学出版社 1997 年版。
郑功成：《社会保障》，商务印书馆 2000 年版。
周弘：《社会保障制度国际比较》，中国劳动社会保障出版社 2010 年版。

【中文译著类】

［丹麦］考斯塔·艾斯平－安德森：《福利资本主义的三个世界》，郑秉文译，法律出版社 2003 年版。
［丹麦］考斯塔·埃斯平－安德森编：《转型中的福利国家——全球经济中的国家调整》，杨刚译，商务印书馆 2013 年版。
［德］格尔哈德·帕普克编：《知识、自由与秩序——哈耶克思想论集》，黄冰源等译，中国社会科学出版社 2001 年版。
［德］汉斯·察赫：《福利社会的欧洲设计——察赫社会法文集》，刘冬梅、杨一帆译，北京大学出版社 2014 年版。
［德］康德：《道德形而上学原理》，苗力田译，上海人民出版社 2005 年版。
［法］卢梭：《论政治经济学》，王运成译，商务印书馆 1962 年版。
［法］皮埃尔·勒鲁：《论平等》，商务印书馆 1996 年版。
［芬兰］保利·基杜论、［挪威］斯坦恩·库恩勒、任远主编：《重塑中国和北欧国家的福利制度》，复旦大学出版社 2014 年版。
［古希腊］亚里士多德：《尼各马可伦理学》，廖申白译，商务印书馆 2003 年版。
［古希腊］亚里士多德：《亚里士多德全集》第九卷，苗力田编，中国人民大学出版社 1994 年版。
［韩］朴炳铉：《社会福利与文化——用文化解析社会福利的发展》，高春兰、金炳彻译，商务印书馆 2012 年版。
［美］阿瑟·奥肯：《平等与效率——重大抉择》，王奔洲等译，华夏出版社 2010 年版。
［美］罗伯特·C·埃里克森：《无需法律的秩序——邻人如何解决纠纷》，苏

力译，中国政法大学出版社 2003 年版。

［美］迪尼托：《社会福利：政治与公共政策》第五版，何敬、葛其伟译，中国人民大学出版社 2007 年版。

［美］鲁思·本尼迪克特：《菊与刀》，东阳译，北方联合出版传媒集团 2015 年版。

［美］米尔顿·弗里德曼：《弗里德曼文萃》，北京经济学院出版社 1991 年版。

［美］米尔顿·弗里德曼：《资本主义与自由》，张瑞玉译，商务印书馆 1988 年版。

［美］米尔顿·弗里德曼、罗斯·弗里德曼：《自由选择：个人声明》，胡骑等译，商务印书馆 1982 年版。

［美］J·范伯格：《自由、权利和社会正义》，王守昌、戴栩译，贵州人民出版社 1998 年版。

［美］爱德华·W. 苏贾：《寻求空间正义》，高春花、强乃社等译，社会科学文献出版社 2016 年版。

［美］塞缪尔·弗莱施哈克尔：《分配正义简史》，吴万伟译，译林出版社 2010 年版。

［美］塞缪尔·亨廷顿、劳伦斯·哈里森主编：《文化的重要作用：价值观如何影响人类进步》，新华出版社 2018 年版。

［美］伊曼纽尔·沃勒斯坦：《现代世界体系》第一卷，罗荣渠等译，高等教育出版社 1998 年版。

［美］汤姆·戈·帕尔默：《福利国家之后》，熊越、李杨、董子云等译，海南出版社 2017 年版。

［美］托马斯·潘恩：《潘恩选集》，马清槐译，商务印书馆 2004 年版。

［美］约翰·杜威等：《实用主义》，杨玉成、崔人元编译，世界知识出版社 2007 年版。

［美］约翰·罗尔斯：《正义论》，何怀宏、何包钢、廖申白译，中国社会科学出版社 1988 年版。

［日］宫本太郎：《福利政治：日本的生活保障与民主主义》，周洁译，社会科学文献出版社 2015 年版。

［瑞典］博·罗思坦：《正义的制度：全民福利国家的道德和政治逻辑》，靳继东、丁浩译，中国人民大学出版社 2017 年版。

［印］阿马蒂亚·森：《以自由看待发展》，任赜、于真译，中国人民大学出版社 2012 年版。

［印］阿马蒂亚·森：《正义的理念》，王磊、李航译，中国人民大学出版社 2012 年版。

［印］阿玛蒂亚·森，［美］玛莎·努斯鲍姆：《生活质量》，龚群等译，社会科学文献出版社 2008 年版。

［印］阿玛蒂亚·森等：《以人为本：全球化世界的发展伦理学》，马春文、李俊江等译，长春出版社 2012 年版。

［英］艾伦·肯迪：《福利视角：思潮、意识形态及政策争论》，周薇等译，上海人民出版社 2011 年版。

［英］阿瑟·庇古：《社会主义和资本主义的比较》，黄延峰译，电子工业出版社 2013 年版。

［英］大卫·李嘉图：《政治经济学及赋税原理》，郭大力、王亚南译，商务印书馆 1962 年版。

［英］弗里德里希·哈耶克：《哈耶克论文集》，邓正来译，首都经济贸易大学出版社 2001 年版。

［英］弗里德里希·哈耶克：《通往奴役之路》，王明毅、冯兴元译，中国社会科学出版社 1997 年版。

［英］诺尔曼·金斯伯格：《福利分化：比较社会政策批判导论》，姚俊、张丽译，浙江大学出版社 2010 年版。

［英］诺曼·巴里：《福利》，储建国译，吉林人民出版社 2005 年版。

［英］托马斯·罗伯特·马尔萨斯：《人口原理》，王惠惠译，陕西师范大学出版社 2008 年版。

［英］约翰·穆勒：《政治经济学原理》下卷，赵荣潜等译，商务印书馆 1991 年版。

［英］亚当·斯密：《国民财富的性质和原因的研究》上卷，郭大力、王亚南译，商务印书馆 1974 年版。

［英］亚当·斯密：《国民财富的性质和原因的研究》下卷，郭大力、王亚南译，商务印书馆 1974 年版。

【论文和报刊类】

［美］乌德亚·瓦格尔、刘亚秋：《贫困再思考：定义和衡量》，《国际社会科

学杂志》（中文版）2019 年第 3 期。
［美］詹姆斯·K. 加尔布雷思：《关于衡量和缓解贫困的重新思考：评乌达亚·瓦格尔的文章》，《国际社会科学杂志》（中文版）2019 年第 3 期。
曹现强、张福磊：《空间正义：形成、内涵及意义》，《城市发展研究》2011 年第 4 期。
陈平：《建立集中统一的社会保障体系不适合中国的国情国力》，《红旗文稿》2002 年第 15 期。
陈树强、李翊骏：《社会变迁与社会福利基本概念的转变》，《中国青年政治学院学报》1998 年第 3 期。
董克用、孙博：《社会保障概念再思考》，《社会保障研究》2011 年第 5 期。
冯浚铃、邵霞、丁福兴：《医疗服务中道德风险问题的制度性归因与防控——以艾斯平－安德森〈福利资本主义的三个世界〉为借鉴》，《劳动保障世界》2019 年第 9 期。
甘贝贝：《所有省份建立高龄津贴制度》，《健康报》2019 年 1 月 10 日。
高功敬：《国家福利功能的正当性研究》，博士学位论文，山东大学，2014 年。
顾澄龙、周应恒、严斌剑：《住房公积金制度、房价与住房福利》，《经济学》2016 年第 1 期。
顾仲阳、常钦：《创造人类反贫困史的中国奇迹》，《人民日报》2020 年 10 月 3 日。
国家计委宏观经济研究院课题组：《中国社会保障体制改革的方向》，国家计委，2001 年。
郝生跃、卢玉洁、任旭：《“十三五”时期保障性住房建设可持续模式研究》，《经济纵横》2017 年第 1 期。
何文炯：《从“人人享有”到“人人公平享有”——社会医疗保险需要解决四大问题》，《中国医疗保险》2012 年第 1 期。
黄发红等：《中国减贫为世界树立典范——国际社会积极评价中国脱贫攻坚成就》，《人民日报》2018 年 3 月 12 日。
黄小荣：《我国农村贫困现状与反贫困策略分析》，硕士学位论文，华中师范大学，2007 年。
江治强：《经济发展方式转变与社会福利制度转型》，《桂海论丛》2011 年第

6 期。
景天魁、毕天云：《论底线公平福利模式》，《社会科学战线》2011 年第 5 期。
李昌宝、叶世昌：《略论先秦时期的社会保障思想——中国古代社会保障思想的初步形成》，《财经问题研究》2011 年第 2 期。
李小云：《深刻理解和把握中国特色反贫困理论》，《光明日报》2021 年 3 月 22 日。
林闽钢：《“十四五”时期社会保障发展的基本思路与战略研判》，《行政管理改革》2020 年第 12 期。
刘春荣：《保护社会的政治：福利供给与中国社会契约的重建》，《复旦政治学评论》2014 年第 1 期。
刘继同：《解析中国的社会福利政策模式》，《当代中国研究》2005 年第 1 期。
刘继同：《中国现代社会福利发展阶段与制度体系研究》，《社会工作》2017 年第 5 期。
刘敏：《社会福利发展诊断及其政策改进》，《管理观察》2018 年第 18 期。
卢云飞：《住房公积金制度、房价与住房福利的现状》，《经贸实践》2016 年第 10 期。
庞永红：《英国福利制度的伦理考量及启示》，《道德与文明》2010 年第 3 期。
秦永超：《福祉、福利与社会福利的概念内涵及关系辨析》，《河南社会科学》2015 年第 9 期。
任平：《空间的正义——当代中国可持续城市化的基本走向》，《城市发展研究》2006 年第 5 期。
桑红丽：《中国社会福利水平测度及经济增长分析》，《北方经贸》2020 年第 8 期。
尚晓援：《“社会福利”与“社会保障”再认识》，《中国社会科学》2001 年第 3 期。
汪洪涛：《英国济贫法的历史演变对中国反贫困制度内核修复的启示》，《海派经济学》2012 年第 2 期。
王高玲等：《分级诊疗前后我国卫生资源配置公平性对比及时间序列模型预测》，《医学与社会》2020 年第 3 期。
王欢、朱尧耿：《中国人口老龄化的发展趋势及对策研究》，《中国计划生育学杂志》2003 年第 12 期。

王健君:《精准脱贫:反贫困斗争的中国创造》,《瞭望》2019 年第 41 期。
王韶光:《共同富裕与国民幸福》,《上海国资》2012 年第 2 期。
王一:《公民权利视角下的社会保障制度去身份化问题研究》,博士学位论文,吉林大学,2015 年。
王元华:《“后福利国家”时代对福利权利的辩护——评雷蒙·普兰特的社会权利观念》,《辽宁行政学院学报》2006 年第 7 期。
王兆萍:《贫困文化的性质和功能》,《社会科学》2005 年第 4 期。
吴忠民:《平等的特征及畸形化平等》,《当代世界社会主义问题》2012 年第 2 期。
辛鸣:《永远保持共产党人的革命精神》,《光明日报》2018 年 3 月 1 日。
徐亚星:《南京保障性住房空间结构问题探究》,《住宅与房地产》2017 年第 9 期。
杨凤城、朱金鹏:《中国共产党的百年奋斗与全面建成小康》,《新华文摘》2021 年第 6 期。
杨上广等:《上海城市居住空间分异的社会学研究》,《社会》2006 年第 6 期。
杨艳东:《我国劳动者的福利差距与社会保障制度的公平性——基于就业所有制性质的视角》,《学术界》2013 年第 3 期。
尹虹:《论十七、十八世纪英国政府的济贫问题》,《历史研究》2003 年第 3 期。
岳颂东:《对我国建立老年护理制度的初步构想》,《决策咨询通讯》2008 年第 3 期。
张鹏飞:《环境污染对医疗保险支出的影响及其机制研究》,《现代经济探讨》2019 年第 10 期。
张雄:《构建当代中国马克思主义政治经济学的哲学思考》,《马克思主义与现实》2016 年第 3 期。
赵笃玲:《关于福利制度的哲学争论》,《江海学刊》2008 年第 6 期。
郑功成:《面向 2035 年的中国特色社会保障体系建设》,《新华文摘》2021 年第 7 期。
周弘、张浚:《福利伦理的演变:“责任”概念的共性与特性》,《社会保障研究》2014 年第 1 期。
周天翼:《社会福利——一个由伦理到制度的变迁》,《学理论》2015 年第 7 期。

【外文文献类】

Joseph Townsend, *A Dissertation on the Poor Laws*, Berkeley: University of California Press, 1971.

Kant, *The Metaphysics of Morals*, Cambridge: Cambridge University Press, 1991.

M. James, *Social Problems and Policy During the Puritan Revolution*, London: Routledge, 1930.

Marvin Harris, *The Rise of Anthropological Theory*, London: Routledge and Kegan Paul, 1968.

R. Dworkin, *Taking Rights Seriously*, Cambridge, Mass.: Harvard University Press, 1977.

Robert L. Barker, *The Social Work Dictionary*: 4th Edition, Washington D. C.: NASW Press, 2006.

Spencer Herbert, *Social Statics*, New York: Robert Schalkenbach Foundation, 1995.

Victor George and Paul Wilding, *Welfare and Ideology*, New York: Harvester Wheatsheaf, 1994.

Wouter Van Ginneken, "Extending social security: Policies for developing countries", *International Labour Review*, Vol. 142, No. 3, 2003.

后　记

当准备把手中这部作为国家社会科学基金项目结项成果的书稿投给中国社会科学出版社出版时，我感慨良多！几年前当我成功申报这个项目时，很是信心满满，认为自己很快就能完成这个项目。然而没想到新冠疫情不期而至，书稿也推迟到现在才出版。回想这几年由于疫情，多少人的正常生活受到了影响甚至改变！虽然我也因疫情使课题研究进度受了些影响，因疫情不能与家人团聚，但比起很多人我还是幸运的。生活、工作都基本正常，没有因为疫情缺吃少药，而且最终在 2022 年完成了书稿！所以我要感谢重庆这座城！

我要感谢国家社会科学基金和重庆大学马克思主义学院为本书出版提供的资助，特别要感谢万俊人教授在百忙之中能为拙作写序，甚感荣幸！感谢我校社科处殷铭泽老师对我结项的大力支持，感谢中国社会科学出版社郝玉明编辑的大力引荐，感谢我的学生腾文燕、周耀玫、卢雅丽、张勋等对书稿的辅助、校对。当然我还要感谢我的家人在疫情下对我的鼓励和支持，没有你们，我坚持不到今天。本书的完成，还有很多同行朋友的勉励、支持和帮助，在此一并致谢！最后还要感谢我收养的流浪狗小花这三年多的温馨陪伴，让我内心总充盈着爱的温暖。

愿生活在中国这片土地上的每个人、每个家庭都享有良好的社会福利，安康，喜乐！这也是本书之探求所在。

2022 年 5 月 5 日于重大 B 区